大夏书系·教师专业发展

阅读
照亮教育

谢云 著

华东师范大学出版社
全国百佳图书出版单位

目 录

自序　向着一本本书走去　001

悟读：思考着的教育

我的教育梦想　003
教育的道和路　006
发现旧大陆　010
努力营造局部的春天　014
教育的原点与原典　017
教育的姿势　021
教育，需要的不只是批判　027
教育依然是理想主义者的事业　031
抬头就能看见远方和天空　035
美好教育的可能　039

品读：书斋里的教育

到俄罗斯去看雪　045

腹有诗书　050

书生意气　054

我的后宫，我的佳丽　058

走失的书　062

像迈考特那样教书　066

带着本雅明上床　072

亲切地款待　077

阅读：通往"心世界"　079

行读：道路上的教育

在教育中呼吸和游走　089

以"大夏"之名　100

在一张不断移动的床上　104

我们在一起哈，尔滨　109

乘一辆慢车去银川　118

推动阅读的手，就是推动未来的手　126

教师，在行走中成长　129

赏读：光影中的教育

比知识更重要的是心灵成长　135

让世界因我而不同　144

我用深痛爱着你　149

像维罗尼卡，或者像你和我　153

只能怀念　157

不能拥抱的爱情　160

当情感成为罪　164

胡乱看碟，或他人的酒杯　169

忆读：尘世间的教育

万年青　181

梦开始的地方有他守望的身影　183

年年桃花　189

一张贺卡　192

十年前的一份答卷和惭愧的现在　195

那些岁月，那些光　200

穿越20年的生命回声　208

附录　阅读，通往更辽远的世界　213

后记　做一个悲观的理想主义者　223

自序　向着一本本书走去

1

2014年暑假,"大夏书系"十年庆典在华东师范大学出版社举行,我应邀参加。"大夏人"制作了一部精短专题片,名为《向一本新书走去》。会上交流时,我曾套用说:"向一本新书走去,是出版人的身姿;向着一本本书走去,应该成为教育人的身姿。"

"应该"意味着倡导,倡导的前提,则是践行。回溯半生历程,我的所学所得,一者来自屈指可数的恩师,二者来自窘困艰辛的生活,三者来自装在肚里的千百书籍。苏轼诗云"腹有诗书气自华",我虽不敢如此标称,但阅读的确改变了我的命运,成就了我的现在。

很难说清这些年来究竟读过多少书,但我记得生命中最初的那些书:父亲的书。

父亲是乡间的农民,爱唱戏——川剧。清晨或黄昏,无论忙闲,情绪好了,总会亮几嗓子,来一段"西皮""二黄"之类。那时公社有剧团,他是台柱子,农闲时,常在公社礼堂,或各村小的操场上演。因为父亲,我总能得到看戏的方便:老早进场,坐在前排,甚至到后台,东逛西看——大幕拉开,父亲伴随剧情上台。原本相貌平常、矮小委琐的父亲,上了戏妆,着了戏服,拿了道具,走着台步,便有了异样的感觉。

那是上世纪70年代。物质极度贫乏,生活极为艰困。但因为父亲的爱好,我家居然有近百本藏书——父亲多年来积攒的川剧剧本。我的整个少年时代，几乎都靠阅读它们打发时光。川剧多以情节取胜，有传说，有神话，更多是历史故事——那些最富有戏剧性的历史情节，那些热热闹闹的舞台，破破烂烂的剧本，应该是让我爱上阅读的最初原委。

我出生时，正值这个国家的生育高峰。我的老家，那个叫鸽子湾的小山村，人口不足两百，但是当年跟我年龄相仿的玩伴，差不多有一个"加强排"。懵懂的年龄，一样调皮顽劣，一样浑噩蒙昧。直到开始读书，才慢慢变得懂事起来——与玩伴们相比，我对学习更有兴趣，也更认真，加上有这样的阅读经验，我比他们有了更广的天空，更远的梦想。

我小小的心思，早超出了鸽子湾，早早体会到"生活在别处"的意味。

2

小学五年级时，我读到了平生第一部长篇小说，俄罗斯的，残缺不全的竖排本，繁体字，册页泛黄。时至今日，名字记不清了，作者记不得了，内容也只有约略的大概：一个叫阿廖沙的孩子，和朋友到金刚山寻宝（或探亲？）。那时家里忙，除上学外，还得帮着干些农活儿，难得有空闲。读书便多在上学前或放学后，边烧火煮饭边看。后来不小心，就将书与柴草一起，塞进了灶孔里——到醒悟过来，只抢救出了半卷焦糊的残页。

我一直记得这件事，也一直在叙说这件事。这既是我文学方面最初的启蒙，也是我精神生命最初的根系——因着这样的缘故，后来到县城读高中，到省城读大学，我就像高尔基说的"扑在面包上"那样，如饥似渴地吞读了大量俄罗斯作品。

因为这样的阅读，高中时代我便热爱上了写作。记得当时，除作文外，我还有很多"练笔"，密密麻麻十多本，甚至改写过一部电影，寄给长影厂，当然，最终只收获了退稿。那些文字，除极少几个"豆腐干"，在《福建青年》等报刊露过面外，太多只有"暗无天日"的命运，但自己非常看重；直到现在，经历了近十次搬家，它们依然被我保存完好。

1997年冬天，一个落雪的寒夜，我在当时栖身的边地小城，回想起这段往事，信笔写下一篇《俄罗斯的艺术天空和雪》，叙述自己与俄罗斯文学艺术的渊源。六年后，偶然看到一则征文启事，说为纪念中俄邦交55周年，两国大使馆委托《中国青年报》举办"我看俄罗斯"征文。征文面向35岁以下、从未去过俄罗斯的编辑、记者。当时我正好在市里一家刊物做兼职编辑，那篇旧文的主题，似乎也很合适，便发了一封邮件过去。同年10月，突然接到北京来电，说我的文章得了全国第一，国务院新闻办将组织五位获奖者去俄罗斯参观访问。

2003年12月1日黄昏，我和几位同伴从莫斯科谢列梅捷沃二号机场走出来，第一眼看到的，就是结结实实的"俄罗斯的雪"——那篇文章在《中国青年报》刊发时，名字被改成了"到俄罗斯去看雪"。

仅仅因为阅读，因为一篇三千来字的文章，便有了这样美好的异国之旅——这传奇般的经历，让我深切觉得：很多时候，你无意间读到的某本书，甚至某句话，都可能成为生命中的"伏笔"，成为命运之神预设的一条神秘而美妙的"线索"。也许事隔多年，你才会意识到：原来，一切"后果"，都有"前因"。

3

2007年3月，创建教师民间团队"知行社"时，我曾谈及"阅读是吸，写作是呼"的观点。转眼九年多，知行社规模不断扩大，影响不断深远，但"专业读写"，一直是成员们的"呼吸"和"生态"。

如果要简单描述知行社的九年时光，似乎可以说：一本本好书读了下去，一篇篇美文写了出来——更重要的是，一个个美好的教师站了起来。阅读是最好的自我教育，"专业读写"影响了他们的行走方式，改变了他们的教育面目。

近年来，探讨教师的专业成长路径时，很多人都意识到阅读的重要。但是今天，不少中小学教师，似乎都奉行"三不主义"：不读书，不思考，不合作。教师的职责之一是教书，即教人读书。教人读书的人却不读书，不喜欢读书，无论怎么看，都像笑话，不太幽默的"冷笑话"。很难想象，一个不喜欢读书的老师，该怎么让学生喜欢读书。更难想象的是，一个从未有过愉快、美好的阅读体验的老师，该如何跟学生分享阅读的滋味和意味。

道理很简单：一个人不可能把自己没有的东西交给别人；一个教师，也不可能把自己没有的东西教给学生。

倘要追问"教书人不读书"的原因，很多人可能都会用"忙""累""没时间"作为借口。一线教师，的确很忙，很累，也的确没多少时间读书，但我觉得，这只是一方面；另一方面，有不少老师压根儿就不喜欢读书——所谓喜欢，就是愿意挤出时间，也总能挤出时间，去做自己想做的事，爱做的事。

当然，这其实也只是表象。最根本的原因或许还是：在目前的教育体制下，教师读书或不读书，读多少书，对他们的工作没有太大影响。在只重结果、不看过程的应试教育大环境下，只要愿意花时间、愿意流汗水，就多半能取得不错的成绩和业绩。

如此，谈论教师读书，似乎既显得奢侈，也让人感觉迂阔。

前两年，市面上流行一本韩版书：《书都不会读，你还想成功》。读书与成功是否完全正相关，我不敢断言，毕竟，这个社会"出产过"那么多暴发户和土豪。但是今天，越来越多的事实表明，更多人的成功，"可持续的成功"，的确是因为他们读了很多书。

对于教师，至少这个问题是成立的：书都不想读，还能教好书？因为真正的教育，绝对不只是知识，不只是教材和教参，学生的成长，更不可能只靠教学，只靠课堂和课本，他们需要更丰富的营养，教师也需要更丰厚的素养。

教师的素养从何而来？这问题或许过于宏大，但阅读，一定是最重要的"发源地"，最核心的"发动机"。

4

我所理解的教育阅读，不只是读教育书，甚至也不只是读纸质书。我曾经说，对教师而言，首先应当读懂教育这本大书，其次应当读懂教学这本活书，然后应当读懂生命这本天书。我也一直主张，教师读书一定要尽可能"杂"一些，因为多吃五谷杂粮，身体才会更加健康，思想才会更加强壮。

大学最后一年，我曾读过《佛学的革命》，台湾学者杨惠南"演义"的禅宗六祖慧能的得法、传法经历。那浓郁的传奇和神话色彩，让我非常喜欢。因为这个"喜欢",贪念一起,便将那本书据为己有了——记得,是借班上同学的,最终,却一拖再拖,直到毕业,无意而故意地没有归还。后来,这本书一直待在我书架上,虽然很少被再次捧读。

2011年10月的某个夜晚,和两位要好的朋友在茶楼聊天。话题似乎曾涉及佛教、寺庙、和尚之类。然后,夜深了,结账走人。下楼时发现,楼梯转角处的书架上,居然有许多与佛教有关的书,内部交流的,可免费拿取,一时兴起,便鬼使神差地抓了两本。

临睡前,随意翻阅,见到净空法师的一个观点:佛教并非宗教,而是教育——佛教,就是佛陀的教育。佛祖在菩提树下得道后,说法49年,所讲佛理法义,莫不是劝化众生向上向善的,因此他被称作"本师"。在世界三大宗教中,只有佛门的讲法者、传法者,被称为"老师"或"师父",求道者也以学生或学僧自居。净空法师认为,禅门的丛林寺院,实际上就是传统意义上的学校,不过其教授内容,以修行、佛法、佛理为主,如此而已。

这样解说佛教,让我既觉得新鲜,又觉得有趣。不由得想到教育,想到教师这个职业,想到当年所读的《佛学的革命》一书里,所引用的台湾诗人周梦蝶的诗歌《燃灯人》——突然间灵光乍现,像武侠里说的打通了"任督二脉",我想到"禅学与教育"这一主题,并在一年多时间里,连续写了两本书《幸福教师五项修炼——禅里的教育》《跟禅师学做教师》。我为其中一本所写的序言,题目就是"我们都是燃灯人"。

要做燃灯人,自己得先有光明,就像要做播种人,自己得先有种子。

光明从何而来?自身的修炼。自身如何修炼?大量地阅读。不只是纸质书本,也包括影视作品,甚至包括大地山川,花鸟虫鱼,世相百态,人间风情。套用古人的说法,就是既要"读万卷书",也要"行万里路"。一个有着丰富阅读体验的教师,一个有着丰厚阅历识见的教师,或许更能胜任教育者的工作,更般配"教书人"这一称谓。

教师需要阅读,学生更需要阅读——这些年来,行走各地,我深切感觉到：所有的好教育，都是真正重视阅读的教育。我有一个被朋友戏称为"三声教育"的主张：一所学校，应该有朗朗书声，朗朗歌声，朗朗笑声。今天我们谈全民阅读，谈书香社会，其立脚点和主阵地，应该是也只能是学校。书，应该成为所有学校的logo。

2010年夏天，一个偶然的机会，我与NGO组织（非政府组织）"梦想行动国际"的刘艳女士相遇。基于对阅读的理解和共识，我们开始携手做校园阅读推广。NGO负责募资、选书、配书，我负责选点、落地和推进。六年来，经由我的牵线搭桥和积极运作，两所"梦想书屋"、两所"爱的书库"先后建成，惠及区内外两万余名师生。

阅读之光，点亮了这些学校的师生生活，改变着这些学校的教育面貌。这样的光，虽然单薄、微弱，但"一灯照隅，万灯照国"，多年的经历和感悟，让我确信：阅读，能够照亮教育，照亮人生。

2015年4月，我被《中国教育报》评为"全国推动读书十大人物"，我和刘艳等人合作的"心自在师生阅读项目"正式启动，绵阳、广元的20余所学校的师生，开始进入"师生共读模式"。这或许可以算作我们献给"世界阅读日"的一份微薄礼物。

4月23日那天，其他获奖者欢聚北京领奖时，我却以"志愿者"的身份，跟老师们作了近两个小时的专题交流。我交流的题目就是：向着一本本书走去。

我觉得，这是教师应该有的姿势，也是教师最美好的姿势。

2016年6月26日修订于绵阳绿岛

悟读：思考着的教育

我的教育梦想

"造一个草原，要一株苜蓿加一只蜜蜂。一株苜蓿，一只蜂，再加一个梦。要是蜜蜂少，有梦就足够。"这是美国诗人狄金森的诗。不过，"有梦"不是她的专利，每个人都可以有，每个人也都应该有。而教育，说到底就是一种理想的事业，或者说梦想的事业——在行动和结果之间，在现实和目标之间，有长长的差距，只有梦想才能连接的差距。

专家可以说教育理想，他们有"理"在握，我没有。但我有梦。所以不妨说说我的教育梦想。

朋友李崇柏兄有个观点，我极喜欢：学校是校长圆梦的场所。所以，我想要有一所学校，作我的圆梦平台，供我安排、调度、规划——说我想当校长，是对的，但我不是想当官，我也没什么权力欲。而且实在说，就我看来，在现行体制下，校长算不上官，即使勉强算，连"品"也上不了的。责任无限大，权力无限小，这是我对校长这一职位的基本认识。"校长负责制"入法多年，但这一"看上去很美"的说法，落到现实里，只余下"出了事情由校长负责"的冷幽默——我不过是想，像一个农民那样，有一小块地，能够播撒我想播撒的种子。

我所期望的学校，规模要小，精致而特别。不一定要像《窗边的小豆豆》里的巴学园，但是环境要优雅、宁静，能够让人感觉到从容。学生人数不必太多，最好是"学校所有师生都能彼此叫出对方的名字"——这是美国教育家欧内斯特·L·博耶说的——要让学校成为学生的乐园，首先得让学校有家园感。"所有师生都能彼此叫出对方的名字"，是不是更像一个大家庭？

当然要有教师。年长的，年轻的，都行。不必是名师，甚至不必太有名气。但最起码的，应当有对教育的爱，对学生的爱，对学校的爱——那种单纯而持久的爱。年长的，不能太糊涂，太固执，太昏朽；年轻的，要有激情，有理想，爱思考，能上进。所有的老师，应该是"明师"——明白教育的本义和规律，明白自身的责任和使命，即便暂时不明白，也要愿意与我一起努力修炼。

教学用房不能太紧张，否则没法解决大班额的问题。每班学生不要超过30人。还是那个博耶说的：当班生数超过30个人时，教师的注意中心，就会从对个体的关注转为对秩序的控制。我需要我的老师把主要精力，用在关爱每一个个体上，用在关注和呵护每颗与众不同的心灵上。只有这样，学生才能得到真正个性化的发展。

学校应当有花，有草，有树。树最好是有些年纪的。没有白发的老者是可怕的，没有古树的学校，不可能有历史味。当然，古树不可能一夜之间长成。但，我可以进校后就栽种，认真浇灌，精心护侍，让它伴随着我的学校成长。如果有一棵大树与我一起，成为学校历史的经历者和见证者，那是再好不过的事。

树的成长是慢的，花草也是。我的学校发展不会太快，因为教师和学生的成长，都是缓慢的。饭要一口口吃，路要一步步走，我会有充足的耐心和期待。我不会对我的学生说，别输在起跑线上。我也不会对我的老师讲，一定要在某个时候，赶上或超过某个所谓的"名校"。因为我知道，速度提升效率，至少在教育上，是不太可能成立的。

学校不要有太多的"婆婆"。我要尽可能自主一些，不接受一般的检查，不理会一般的评估，不欢迎恶意的吹捧。教育是老老实实的事，来不得半点虚假，更容不得刻意的热闹和造作。我的学校，不必考虑太多教育之外的东西。不搞太形式主义的东西，不摆花架子，不走过场。我的学校，要朴实、自然，像一棵树那样，缓慢而优雅地从大地上生长起来。

我的学校不会在乎奖牌、奖杯，不会在乎耀眼的光环。不一定要有多大的名气，但一定要有突出的特色、自己的特色。特色就是"白里透红，与众不同"，这是朱永新先生的话。特色就是"人无我有，人有我精"，这不知道是哪个人的话，但我相信。就像我相信"一招鲜，吃遍天"的说法。我也愿意相信：特色就是出色的本色——它将是我的学校的安身立命之本，也将是我的学校的卓异他人之处。出色，就是超出一般的成色和底色。

办学当然要有经费。钱不必太多，但要稍微充裕，要能保证学校的正常运转，并能保障学校的适度发展。比如必要的维修，适当的建设。除工资外，我的老师应当有较好的福利，让他们能够尽可能体面地生活，并以做教师为荣耀。如果不必考虑办学经费，我想我能更专心地思考学校的发展。

也许还有一些，但我觉得不必再说了。这样的一所学校，可能在中国，现在还不容易找出来。这样的梦想，当然也就只能是梦想，就像空中楼阁，成为现实的可能性不大——现在，你就当我是那个说梦的痴人吧。

PS：这篇文章，不记得写于何时。只记得，把它放在博客里时，曾引起很多教师围观、评议。有人说，真有这样的学校，愿意前来应聘。还有人说，哪怕做校工，都可以。

但是，也有一个教师，只留了三个字："想得美！"

那时，博客刚开通不久，互动热情还高，几乎所有留言，我都作回复。现在还记得，回复这个教师时，我"创造"了一个后来深受老师们喜欢的句子：想得美才能活得美。

想想，的确如此：一个人，倘若想都想不美，又怎么可能活得美？

2016年6月26日补记

教育的道和路

参加完第二届"飞翔者——教师勇气更新公益活动"后,我选择乘火车回家:T7,卧铺,我最喜欢的方式。

此前几天,为参加这场被张文质命名为"飞翔者"的活动,我飞到北京。一来一去,不同的行动方式,不同的道路选择——这"道路",用的是本义,也是隐喻。有意思的是,英语里的road,也有类似用法,只是在作为隐喻,表达"途径、手段"之意时,要在其后加个to。如:This is a road to success.(这是一条通往成功的路。)

在古人眼里,"路"即"露"的本字,有"暴露"之意;"路"又与"陆"同音,即是说,陆上的"路"是显露在外的,人们一眼就能看出。而"道"字在金文里,中间是手托着"首"(脑袋),或将"首"藏在衣服中,即蒙头前行——其意有二:第一,这是必须走通的;第二,必须摸索前行。因此,古人常单用"道"字,表示道理、法则、规律之类的抽象概念。

简而言之,"路"肉眼可见;"道"则须藉由头脑分析、思考和探索。所以,"道"往往指向形而上的道理、规律、法则,"路"往往指向具体的路径、手段、方式。

教育,也有"道""路"之分——教育的核心本质,那些需要探索、寻求的规律和原则,即"教育之道";从事教育的方式,那些皆可以选择、运用的方法和途径,策略和技巧,即"教育之路"。

面对教育,或者说面对"教育之道",每一个教师,基于不同的经历和个性,面对不同的学科和学段,针对不同的学生和问题,他们所选择的方式方法、策略技巧,肯定大不相同。但笼统起来,大致可以说,我们都走在教育"路"上。套用"万法归宗""万流归源"的说法，似乎可以说"万路归道"——所有小路，最终都将归向大道：教育之道。

望文生义，"路"，其实也可理解为"各有各的脚""各迈各的脚"。其意有二：第一，各有各的脚，自然各有各的路；第二，只要各迈其脚，皆可到达目的地。"教育之路"，说来简单，实际复杂。道不易，路也不易。套用老子的"道可道，非常道"，也可以说"路可路，非常路"。

小学、初中、高中、大学……语文、数学、外语、科学、艺体……优生、中等生、"差生"……"教育之道"虽大体相同，"教育之路"却各有所异。从其业者，即便处于同样的学段，执教同样的学科，面对同样的学生，也会"八仙过海，各显神通"。

现实的路，有长有短，正如人生，但每个教师的"教育之路"，都很漫长——虽然三四十年，于光阴不过一瞬，但在每个人的生命旅途中，却是极重要的一程。站上讲台，风华正茂，意气风发；离开讲台，两鬓斑白，垂垂老矣。对很多教师来说，教育之路，几乎就是"人生之路"，或浓或淡，或艰辛或甜蜜，大体上说，各有千秋，也别有意味。

各有各的路，既意味着路途的纷繁，也意味着风景的迥异——就像飞机舷窗上，往往只见漫漫云海和茫茫大地；而火车和汽车窗外，却有青山绿水，异草奇花；倘是悠闲的骑游者，还可任意停歇，在会心可意处，细细赏玩品鉴——大地之大，既容得下各不相同的路，也容得下各自方式的行路人，无论腿脚长短，无论速度快慢。

虽走着各自的路，却又在同样的"教育之道"上，这样的格局，既标明了各自的相对独立，也意味着可以彼此呼应，甚或拥抱交流，给对方以"精神的援救"。

"精神的援救"这一说法，来自"勇气更新"活动中，文质先生的主持词——作为活动的主题词和关键词，"勇气"这一说法，来自美国教育学者帕克·帕尔默。他的《教学勇气》一书，副标题为"漫步教师心灵"。以我的理解，他是在引导教师回到自己的心灵，提振自己的心灵。最近几年，我从禅宗出发，论及教师的"心灵建设"，探讨"教育之道"，与之似有不谋而合、殊途同归之处。所以，北京活动期间，见到《教学勇气》的中文

悟读：思考着的教育

译者，朴实如邻家大姐般的吴国珍女士，我专门送了拙著《幸福教师五项修炼——禅里的教育》给她，并写下"感谢帕尔默，感谢吴老师"的题词。

而在头一天晚上，跟朋友们交流教育，谈到勇气时，我重申了"抬头需要底气，低头需要勇气"的主张——所谓的"勇气更新"，我更愿意理解为，其实就是引导我们回到自己的心灵："眼观鼻，鼻观口，口观心，心观自在"——教育是心灵的事业，需要我们的心灵觉醒和参与，而我们每个人的热情和能量，最终也只能来自自己的心灵。事实上，只有每个人真正回到内心，我们才会有真正的"勇气更新"，只有每个人从自己的内心出发，我们才会有真正的"教学勇气"——只有这样不断更新、焕发的"内心勇气"，才可能成为我们真正的"精神底气"。

行走在各自的教育路上，既需要这样的勇气，也需要这样的底气——勇气，可能来自自我的坚实认同，也可能来自同伴的精神救援；底气，却只能来自我们的自我学习和心灵修炼。或者说，勇气能够让我们行走得更加坚决，底气则可以使我们行走得更为独立。

明白这些道理，已是在我从教十多年后。好在，一旦醒悟，我便开始检视自己走过的路程，梳理和发现其间的意义，并不断写下一篇篇文字，以呈现我的思考。尽管这些文字所表达的，并非我有关教育的全部，但它们始终暗含着我所走过的"教育之路"，也始终朝向着我所理解和坚持的"教育之道"。我写下它们，并非要炫耀自己在教育方面的"成功之路"，而只是想为阅读到的人提供思考、探寻"教育之道"时的一条"可能之路"。

这篇文字写到这里，火车正在庞大的秦岭穿行。在进出隧道的间隙，抬头望向窗外时，我发现铁轨外，其实还有一条平行的水泥公路，蜿蜒着，不知通向哪里；不宽的小河对面，有乡村小路，跑着农用车和摩托车；稍远些的群山里，依稀有羊肠小路，尽管时隐时现，但我知道，肯定有人经由那里，进入山林，或登上山顶。

当然，我也知道，如此多的路，其实都通往一个地点：前方。就像火车下面，不断延伸的铁轨。甚至，沿着它们中的任何一条，都可能让我回到远在四川的家里。

换句话说，回家的路，其实不止一条——有时是高空飞翔，有时是低空穿行，有时是火车，有时是汽车，有时甚至要靠我们与生俱来的双脚，要靠我们内心不断焕发和更新的勇气、底气。

  无论选择怎样的路径或方式，最重要的是，不断行走，不断前进——教育，也是如此。

2014年4月13日上午于T7次列车上

发现旧大陆

在陈村的书里,看到一则旧事,与余华有关。余华是我极喜欢的一个作家。他的《活着》《许三观卖血记》《兄弟》等,给我的印象很好,也很深。

余华一直以为,鲁迅只比郁达夫稍好一点。直到后来,有人要他改编鲁迅的作品,才找来原著认真读,一读之下大吃一惊。然后索性买来《鲁迅全集》,依次阅读下去,这才认同了鲁迅"大师"的地位。最后,他谢绝了改编工作,开始认真研读鲁迅。

这是颇有意思的事情——鲁迅作为现代文学大师,应该是不争的事实。但并非每个人都知道,都认可。原因是多方面的,比如说眼界和识见,比如说仁智的差异。余华由牙科医生开始,从先锋创作起步,自然可能对鲁迅那样的传统作家,并不特别在意。当他进入写作的"快车道",可能更难顾及所有大师,更何况是他未曾认真研读过的鲁迅。

我们也是如此,甚至更是如此:一旦上路,便总是眼往前看,脚往前走,那样步履匆匆,总以为前面的风景会更美。我们太像那只掰苞谷的猴子,掰了后一包,就忘了前一包,而且掰着掰着,就忘记了曾经的那些苞谷,曾经的那些收获和果实,风景和美丽。我们很难想起,应该停下来,看看我们背后,看看那些我们曾经熟悉的,或者始终被我们忽略的,那些旧日的事物和风情——就像发现了新大陆,我们就不再关注旧大陆。

1492年,世界历史记住了一件大事:哥伦布发现新大陆。随之而来的,是新航路的开辟,世界历史的进程被疾速改变;是海外贸易中心由地中海向大西洋沿岸的转移;是西方迅速走出中世纪的黑暗,并以不可阻挡之势崛起;是全新的工业文明,成为世界经济发展的主流——这是发现新大陆的意义所在，也是哥伦布一直被人们记住的原因所在。

现在看，发现新大陆，或者说，能够发现新大陆，当然是重要的、伟大的。但是发现旧大陆，或者说，能够发现旧大陆，引起自己或者他人重新关注，我以为也是功不可没，甚至必不可少的。

什么是发现？字典里说：经过研究、探索等，看到或找到前人没有看到的事物或规律。发现就是一种认识，新认识，或再认识。认识到事物或规律的意义，或者发掘出旧的事物与规律的新的意义，加以利用，有所创造发挥。这样的意义，其实类同于发明。有个老师让学生用发现和发明造句。一个孩子说：爸爸发现了妈妈，他们一起发明了我——虽是笑话，细想，似乎也不无道理。

写这些文字时，于丹的《论语心得》正在热销。据说，仅在北京，当天就签出了一万多本。翻这本书，想起易中天的《品三国》。实在说，于丹对《论语》，并无特别精深的研究，而只是她借以说话的"由头"，但我还是以为，于丹也好，易中天也罢，他们对经典的推广和普及，功不可没。套用"科普作家"的称谓，他们或可算是"经普学者"。高深、玄奥的经典，藉由他们的解说而走向大众，被更多的人关注、理解；更多的人因为他们而重新发现经典，阅读经典，运用经典，这是功德无量的事。在我看来，其意义，并不亚于哥伦布发现新大陆。尽管他们所发现的，不过是早已存在的"旧大陆"。他们的行为，不啻创造。

我想说的，其实是教育。

教育到了今天，该有的研究和发现，甚至发明，都已有很多。尤其是国门大开、思想解放之后，特别是新课程改革以来，各种先锋的思想，各种前沿的理论，各种新潮的概念，把我们的视野和空间，拓展得格外开阔、辽远，这是好事。这让我们知道了未来和前景，让我们知道了世界不只是脚下这点土地。

但是，很多时候，比如说目前，我们似乎过于迷恋这些新的思想、理论，过于痴醉这些新的概念、名词。我们对过去曾经拥有的东西，或者说，对一直存在着的教育的"旧大陆"，却缺少必要的了解、起码的关注，更别说足够的重视、深入的发掘了。

课程改革之初，不少人都在把玩专家们提出的新鲜时髦名词。其实，透过那些名词术语，我们可以发现，很多东西都能从我们的"旧大陆"找到来路和渊源。我们所津津乐道的"愉快教学"，不就是孔子的"寓教于乐"吗？我们孜孜讨论的"分层教学"，不正是"因材施教"吗？我们奉为圭臬的"启发式教学"，不正是"不愤不启，不悱不发"吗？而所谓的形成性评价、终结性评价，与传统的阶段考试、期末考试有何本质不同？至于自主、合作、探究等学习方式，在传统的教育典籍中，都能找到源流和对应。

就我的感觉，新课改其实就是一场"文艺复兴"。课程标准所提出的"转变观念"，与其说是"更新"，不如说是"恢复"，是"回归"。所以，课改之初我就说过：教育迫切需要的，也是正在做的，就是回到原点，或者说"原典"。

回到原点，回到本质——这无异于是对旧大陆的重新发现。

比如说，传统的私塾教学，两年左右就能解决常用汉字的教学，上两年私塾就能成为半个先生——温文尔雅，知书达理，能读、能写、能说。而现在，我们用九年乃至十二年，还不能解决识字问题！不少大学生、研究生的文章，错别字连篇，语法不通，原因何在？古代的低幼教育，基本都教韵文，从三言到四言，再到五言、七言，非常符合儿童的认知规律，而现在的教育，韵文少得只剩几首可怜的诗歌！所以，新教材增加文言尤其是诗歌的分量，个人以为，就是一种回归。

上世纪末，我曾在一篇文章中如是断言：

> 随着科技的日益进步和发展，各种新型的教学手段、教学方法、教学模式的出现，势必给未来的教育，带来全新的观念和面貌，给未来的教育者和受教育者，带来前所未有的冲击和挑战。但我想，万变不离其宗。无论怎样，教书育人，最根本的东西，也许永远都不会改变——教育的最终目的，依然会是培养学生聪颖的智慧，健全的人格，高尚的灵魂，培养他们独立思考、大胆创新的能力。作为教育行为的具体执行者，我们这些老师所面对的，也依然会是一批批活生生的、有血肉、有情感、有思想的学生，依然会是一张张年轻的脸，一双双

稚善的眼睛，一颗颗柔嫩的心灵。作为教师，作为所谓的"灵魂工程师"，除了满怀爱心和热情地指点他们，引导他们，教育他们，以自己的人格力量去熏染、陶铸他们的灵魂外，我们还能说些什么，做些什么呢？

所以，我当时曾斗胆说："无论时代怎样发展，形势怎样变迁，对教育和教育者来说，爱心和热情依然是最重要的。"现在看，这话并不过时，甚至可以说，永远也不会过时。

我们的确还需要不断前进，不断探索，以发现新的大陆，甚至新的宇宙。但"乱花渐欲迷人眼"，无论教育研究者，还是一般教师，我们切不可忘记随时回头，关注我们已有的"旧大陆"。那才是我们的根——枝叶伸展得再辽远，根是永远不变的。没有它，我们就会成为水上的浮萍，秋天的飘蓬，在寻觅中漂泊、游荡，永远无枝可依。而真正拥有它，我们就能雍容淡定，"不畏浮云遮望眼"，也就能够"守得云开见月明"。

王国维在《人间词话》里说："古今之成大事业、大学问者，必经过三种之境界：'昨夜西风凋碧树，独上高楼，望尽天涯路'。此第一境也。'衣带渐宽终不悔，为伊消得人憔悴。'此第二境也。'众里寻他千百度，蓦然回首，那人却在，灯火阑珊处'。此第三境也。"即是说，开始时应当潜心，登高望远，鸟瞰路径，了解概貌，"望尽天涯路"。接下来，必须辛勤劳动，像渴望恋人那样，废寝忘食，孜孜不倦，"为伊消得人憔悴"。而最终，经过反复追寻、研究，才会豁然发现，成功就在我们身边不远，"灯火阑珊处"。

教育者也往往如此。很多时候，我们正是在重新发现旧大陆时，得到了更多的体验和收获。而那旧大陆，不在别的地方，正在我们身边，"灯火阑珊处"。

2005年10月

努力营造局部的春天

暑假时，参加教育部组织的"新课程远程培训"，听刘良华博士讲"教师成长"专题。谈到改革的艰难，改变对教师的压力时，刘博士举了北大附中张思明老师的案例。张在接受《中国教师报》采访时，曾说："教师、学校、教育行政部门都要在自己力所能及的范围内营造一个局部的晴天。"

张思明老师的说法，充满期望，与我一直以来的想法不谋而合。因此，颇有感触。但"晴天"一词，稍觉平淡，便略加改动，来表达我的认识："营造局部的春天"。

改革，或者说改变一些已成习惯的做法，实施一些新的举措，确实很难。因为守旧是人的天性之一。人群中的多数，总是甘于稳定，不思变动。尽管他们也有期待，有追求，但不愿冒险，尤其是在未来不能确定时。对习惯，对成例，对旧俗，对稳定状态的固守，使他们对新的思想、举措，天生地反感甚至排斥。在这样的境地里，改革者首先要面对的，就是来自人群中占多数的种种压力：排斥、拒绝、反对、观望、犹豫。这些都会对改革形成排拒，甚至抗阻。

对教师而言，若想有些不同凡俗的改革或变动，他将面临的压力有：学生、家长、同事、学校、教育主管部门。当然也还包括自己的生活、工作、工资、职称，以及由此而来的——内心的抉择和犹豫谁占上风，成功与失败的胜算究竟如何，付出与收益会怎样体现，期待与收获之间差距多大，如果失败将会面临和承担什么样的后果，等等——谁也不可能拿自己的未来打赌。在这样的环境中，在这样的背景下，任何人想要有所作为，想要除旧布新，都很难。就像戴着镣铐跳舞，有压力，有阻力，当然累。

而人都是有惰性的，过于超前的事，风险太大的事，谁都会自觉不自觉地"退避三舍"。

课改实验刚开始时，大家最大的担心是：如果主管部门的评价不改变，我们能够做些什么？后来，随着课改的推进，与教育有关的方方面面，都有了些许的调整和改变，这才让老师们稍微安心、放心。

但是，即使是在课改深入推进的今天，也仍然有许多地方不够完善，仍然有不少地方需要我们去改变，去革新，去创造。尤其是一些有识之士，他们嗅觉敏锐，往往所思甚远，对未来，对他们自己的思想，愿意有所担待。想在前头的人，痛苦，就像在黑屋子里率先醒来那样。而走在前头的人，孤独，因为他所面对的，是空茫的前方，是谁也不曾走过的荒芜之路。

这样的时候，是需要勇气、胆识和魄力的。

我敬佩这样的人。尽管相对于群体，个体是单薄的，个人的力量也是有限的。但是，我们并不能因为单薄就无所作为，并不能因为有限就沉默无声。我说过这样的话："一个人的声音是微弱的，但是众多的声音汇在一起，却可以成为时代的最强音。一个人的力量是单薄的，但是众多的力量汇聚在一起，却可以改变一个时代。"

是的，现在的我们，也许并不能振臂一呼，就应者云集，并不能一言九鼎，掷地有声。有时，即便我们沙哑着喉咙，一再鼓噪、呐喊，也可能不起任何作用。但无论如何，我们仍旧不能放弃。我们应当表明自己的态度。从某种意义上说，沉默，并非无声的反抗，而是无声的赞同。在残贼公行时，每个肯对道义和良知负责的人，都应发出反对的呼声，愤怒地说"不！"，或举起森林般的手，制止！——因为在本应呐喊的时候，你却沉默了，这无疑意味着，你也用间接的方式参与了罪恶。

"二战"后，德国牧师马丁·尼穆勒说过这样一段话，读来就令人心惊："起初，他们抓共产党人，因为我不是共产党人，所以我不出声。接着，他们抓犹太人，因为我不是犹太人，所以我不出声。然后，他们抓天主教徒，因为我是新教徒，所以我不出声。等到他们来抓我，那时候，已经没有任何人能替我出声。"这就是"不出声"的最终结果。

无独有偶，雅斯贝尔斯在反思"二战"教训，特别是纳粹惨绝人寰的暴行时，曾痛心疾首地说："我们全都有责任。对不义行为，当时我们为什么不到大街上去大声呐喊呢？"雅斯贝尔斯由此说出了一句非常著名的话："对极权政府的扩展不作任何决定，就等于决定支持。"这道理，很值得我们深思。可以作为佐证的是，国际法庭审判纳粹头目艾希曼时，他曾为自己辩解说："没有外在的声音来唤醒我的良知。"

艾希曼的辩解，当然是强词夺理的"强盗逻辑"，我们大可一笑置之，不予驳斥。但细细一想，却似乎也不是毫无道理。民间故事里，那个临刑前咬掉母亲乳头的孩子，不正是因为他觉得母亲以前对她太溺爱，没有尽到作为母亲的教育之责吗？

由于这样的原因，我特别敬佩那些尽己所能，在旧的格局里有新作为的人。尽管他们可能并不能带来什么彻底的改变，他们的作为不可能带来天翻地覆的震动，但是他们毕竟做了，在承担着种种压力的时候，他们尽了自己的努力，发出了自己的声音，做出了自己的举动。

至少，他们营造出了"局部的春天"。局部，而不是全部。但是在那局部里，应该也会有春暖花开，应该也会有百草丰茂，应该也会有杂花生树，欣欣向荣。像刘博士所举的张思明等老师，至少，对他们的学生而言，他们的改革已是成功的。而他们的学生，也感受到了他们所营造出来的春天的气息。

而一个又一个，再一个，无穷多个这样的"局部的春天"不断出现，最终也许就会是"环球同此凉热"。

2006年8月25日

教育的原点与原典

回到"原点",进行教育启蒙,"让每一个公民重新认识教育,思考教育,理解教育的使命",是朱永新先生的观点(《新京报》2008年2月17日)。他认为,"原点"的问题,是教育的"根本的问题",涉及教育的方向、目的和意义。这与我在课改之初的认识和理解,不谋而合。针对新世纪开始的课程改革,我曾说过:

> 新课改其实就是一场"文艺复兴"。课程标准所提出的"转变观念",与其说是"更新",不如说是"恢复",是"回归"。所以,课改之初我就说过:教育迫切需要的,也是正在做的,就是回到原点,或者说"原典"。(参看拙作《发现旧大陆》,《杂文报》2007年2月2日)

"回到"即意味着追寻,追寻则是因为曾经拥有,但已经失去。失去才知道珍惜,就像人类在迷失乐园后,一直在寻找回去的道路。

对教育原点的追问和追寻,其实是基于教育的缺失和沦陷。很长时期以来,我们的视野里,充斥着素质教育、建构主义、多元智能、新课程理念……一个浪潮又一个浪潮,轰轰烈烈,热热闹闹。遗憾的是,我们在眼花缭乱的新名词、新概念、新理论中,一点点迷失了自我——我们忘记了教育的根本,也忘记了教育的原点,更忘记了每一次出发或变动,都应当"朝向事物本身"。

朝向事情本身,对教育而言,就是朝向教育的原点。原点就是最初的起点。要追寻教育的原点,就必须追溯教育的源头,对教育所涉及的那些

"原初性问题"进行追思。比如说：什么是教育？教育因何而发生？教育的意义何在？教育的最终目的是什么？

这些命题，是教育必须首先回答的，是每个教育工作者都必须首先明确的。这些命题，古老陈旧而永恒常新，因为它们关涉到教育的本质，关涉到教育的起因和归结。时代在变，社会在变，教育的对象、内容和形式也在不断地变，但教育的本质不会变，教育的内在规律也不会变——如果说教育是一棵大树，它的根必须深扎于土里才能常青；而对这些问题的思考和回答，正是确保教育既能高瞻远瞩，又能落地生根的基础和前提。如朱永新先生所言："如果这些根本的问题不解决，其他的枝节问题就无从谈起。"

教育因生命而发生，教育与生命的轨迹同步。因此可以说，生命就是教育的原点，而教育，不过是为了生命成长的需要。正如叶澜教授所说："人的生命是教育的基石，生命是教育学思考的原点。在一定意义上，教育是直面人的生命，为了人的生命质量的提高而进行的社会活动，是以人为本的社会中最体现生命关怀的一种事业。"

因此可以说：教育最根本、最重要的任务，就是人的成长和发展，就是通过培养美好的人格，塑造美好的人性，使学生拥有美好的人生，能够幸福、愉快地生活。一句话：教育，就应当培养有幸福感的人，或者说，培养人的幸福生活能力。

教育的原点是人，出发点也必然是人。教育必须基于人，发展人，成就人。要达此目的，教育必须回到原生态，必须呈现最大的生命关怀，必须进行生命价值的传递与创建。正因如此，当我们谈论教育时，无论是说到爱和良知，还是智慧与能力，或者公平与正义，这些都应当是以"人"的名义聚集在一起的。

教育的全部过程，都应当不断关注和发掘人的天性、潜能、价值。这一过程，注定漫长而艰难。因为人的成长，人性的发展，生命的提升，本就是漫长而艰难的。教育要追求结果，但教育更应突出这一过程，让教育者和受教育者都能充分享受这一过程。对教育而言，甚至可以说，过程比结果更重要。

既然教育的终极目的是发展人、成就人，而人才产生的终端在学校，影响人的发展和成就的所有要素和节点中，最直接、最关键的就是教师，一切的教育理念和思想、教学内容和方式，都是由教师来执行和完成，那么，教师就是教育的生长点，教师身上应当体现出教育的一切价值追求。因此，对教师进行引导、提高，让他们达到"听君一席话，胜读十年书"的教书育人境界，是我们认识原点并理解原点的关键。

站在教育的原点，审视教育的诸多命题，一切便都有了当然的根基，一切便都显得清晰明了：既然教育的关节点在于教师作用的发挥，那么，教育要回到原点，就很有必要让教师回到"原典"，回到被各种纷繁芜杂的主义和理论遮蔽了的经典中，让教师主动地"读好书，教好书"。所谓"读好书"，就是读那些高于生活的经典。经典，就是人类文明的原点，即出发点。换言之，原典，就是从原点创造出来的经典，就是人类生活的经常之道；因其经常而具有超越时空的普世价值，足以让我们常读常新。所谓"教好书"，就是基于对教育原点的把握，基于对教育原典的理解，让教师以讲台为支点，站在教育的制高点上，所有的教育行为，都着眼于人的发展、人的成长。

关于教师的阅读，我严重赞同朱永新先生的观点："你不读《论语》，不读陶行知，不读杜威，不读苏霍姆林斯基，恐怕很难成为教育家。"甚至可以说，不读这些经典、原典，便很难成为真正的教师。而让教师阅读经典，就是要引导教师回到圣人、圣哲们创造的原典中，使教师的心灵重新发育，建构起教育人应当具备的德性、理智和激情。所以，我所谓的"回到原典"，事实上，就是一种回归的、反省的、重新出发的教育。

遗憾的是，这些优秀的原典，似乎离我们已经非常遥远。并且，正因为原典的缺失，我们的教育，早已迷失甚至严重偏离了原点！我们既忘记了教育因何而起，从何而来，也忘记了教育所为者何，将往何处。像这样既忘却了起点又迷失了终点的行程，最终必然导致教育方向的迷失和教育工作者的迷茫。时下弥漫于教育工作者心中的种种困惑，周布于教育环境中的种种尴尬，其实正是这种迷失的体现。

因此我认为，教育只有回到原点，才能有真正意义上的出路；教育只有回到原典，才可能让我们不至于迷路——这并非要走回头路，而是要"回头看"：对我们已有的来路和背景，作重新的梳理和发现；对我们将有的去路和途径，作重新的审视和规划。

我相信：在依托原典、找准原点的前提下，教育的"再出发"，面貌必是全新的，内心必是饱满的，道路也必是敞阔的。

2008 年 8 月

教育的姿势

1

读吴非先生的《不跪着教书》，颇有感触。"想要学生成为站直了的人，教师就不能跪着教书。"不跪着，当然就是站着，就像那部电影：《站直啰，别趴下》——站直，是一种姿势，既是生理和心理的，也是精神和灵魂的。

所谓姿势，按词典解释，是指"身体呈现出的某种样子"。或动或静，或伸或屈，不同情形下，人的身体总会呈现出不同的样子。交际学中有"体态语"之说，不同体态，表明不同情绪和心态——换句话说，姿势不同，感受、情怀就不同，思想、意味也不同。

有句话说："宁可站着死，不愿跪着生。"从站与跪的姿势，联系到生与死的选择，说话者的态度，显豁而鲜明。鲁迅诗云"横眉冷对千夫指，俯首甘为孺子牛"，一"横眉"，一"俯首"，是身体姿势，也是精神和思想状态，分明彰显着两种截然不同的感情，爱憎分明。

"我们中国首先得有铁骨教师，教育的辞典中才能有'铸造'这样的词条。"吴非先生说。

这种"铁骨"，对教师而言，我想至少意味着：第一，应该始终站着，无论工作还是生活，事业还是专业。教师不能站着，怎能期望学生站着？第二，要始终保持站着，除吴非先生说的多读书外，还应多些思想、少些欲望——多些思想意味着保持独立，不容许别人的思想轻易来自己脑袋里跑马；少些欲望则指能恪守自己的态度和立场，"壁立千仞，无欲则刚"，没有过多欲求和贪念，才能让我们始终昂起脑袋，挺直脊梁，不卑不亢。

教育和教育者，应该有这样的姿势。

2

无论生理、心理，还是精神、思想，教育也还有别样的姿势，比如说，与"站立着"相对的"蹲下去"。

在传统文化视野里，教师总是以"知识权威"自居，雄霸于讲台之上，看其体态，总是高高在上、目中无人；即使走下讲台，也往往"板着脸子，绷着面子，端着架子，摆着谱，捏着腔，拿着调"，凛然不可侵犯的样子。这样的教师，可能让学生害怕，却很难让学生喜欢——成天面对一个让自己心惊胆颤、诚惶诚恐的老师，教育的效果可想而知。

正因如此，当于永正老师提出"教师要蹲下来看学生"的观点时，赢得一片喝彩——"蹲下来"，就是俯下身子，降低姿势，把自己放到与学生平等的位置，用孩子的眼光看待学生，以孩子的心跳感应学生，从孩子的角度去理解学生。

有个年轻的母亲，带5岁的女儿去参加派对。热闹的场面，丰富的美食，她兴高采烈地领着女儿走动，以为女儿会很开心。没想到，女儿却一直嗯嗯唔唔。母亲多次哄逗，女儿干脆坐到地上，鞋也甩掉了。母亲生气，一番训斥、指责后，才蹲下去给女儿穿鞋。蹲下去的刹那，她惊呆了：她眼前晃动的，全是屁股和大腿，而不是刚才看到的笑脸、美食和鲜花。她这才明白女儿为什么不高兴——她蹲下去的高度，正是女儿的身高。

德国儿童文学作家凯斯特纳曾说："每个学生都是一朵小花，所以，你一定要蹲下身子，才能欣赏他们的摇曳生长。"

"蹲下"，也是教师该有的姿势；"蹲下"，也才会为学生喜欢。因为这样的姿势里，包含着对学生的尊重和爱怜，这样的姿势，才能让学生更有信任感和亲近感。

蹲下来，不只是因为师生身高的差别，还有心灵的距离。蹲下来，也不只是形式上的放低身段，而是要跟孩子站在同样的心理高度，以平等的角度和态度，去体贴他们。

尤其是在基础教育阶段。

3

我们常说，爱是教育的前提，教育是爱的艺术。按泰戈尔的说法，"爱是理解的别名"——所谓理解，就是设身处地，换位思考，就是"将心比己，人心同然"。正如在谈到"和谐社会建设"时，我所说的"推己及人，就是最大的和谐"。

凯斯特纳说："只有长大成人并保持童心的人，才是真正的人！"这话或许比较绝对，但由此作一翻版式的引申，应该没有问题——只有长大成人并保持童心的人，才能成为真正的优秀教师，尤其是中小学教师！

这样的意思，在苏霍姆林斯基那里，可以找到不算遥远的对应。"只有那些始终不忘自己也曾是一个孩子的人，才能成为真正的老师。"同样的"只有……才……"，同样的条件复句，同样的绝对和肯定，不容置疑，更不容商榷。

"始终不忘自己也曾是一个孩子"，时刻想想自己做孩子时的所思所想所作所为，时刻想想自己上学时最希望遇到怎样的老师，最喜欢老师做什么，最想从老师那里得到什么——果真如此，老师就能真正跟学生打成一片，成为学生的伙伴、朋友，与学生共欢乐、同忧愁。

正因如此，听到一位教师朋友将"童心"置于教师必有的"爱心、细心、耐心"之前的观点时，我给予了严重的赞同和欣赏——教师面对的，是一个个满怀童心的孩子，只有让自己永葆童心，才能进入孩子的心灵世界，才能真正理解孩子的言行举止，宽容对待孩子的淘气、任性、顽皮，才能真正重视孩子每一刻的喜怒哀乐，重视每一个合理与不合理的要求。

4

爱会让人骄傲，爱也会让人谦卑、低微——张爱玲遇到胡兰成后，曾说："遇见你，我便变得很低很低，一直低到尘埃里去，并且在那里开出一朵花来。"

每次读到这个细节，总不由得想到在浙江第一师范学校任教时的李叔同先生。

夏丏尊曾经回忆："李先生对学生的态度常是和蔼可亲，从来不骂人。学生犯了过失，他当时不说，过后特地叫这学生到房间里，和颜悦色、低声下气地开导他。态度的谦虚与郑重，使学生非感动不可。"

我们对犯错误的孩子，总是很容易理直气壮，义正辞严，以为非如此不能让学生发现和改正错误。而李叔同先生的"和颜悦色、低声下气"，却能使学生自觉地严肃起来，这既是教师的人格魅力所在，也是教师可贵的教育情怀所致。这样的"低声下气"，竟胜过许多严厉的呵斥和责骂，因为学生一想到老师的"低声下气"，就会感到羞愧，不忍心再犯错误。用曹聚仁的话说："在我们的教师中，李叔同先生最不会使我们忘记。他从来没有怒容，总是轻轻地像母亲一般盼咐我们。"

在夏丏尊的回忆里，还有一件事：一次，学生宿舍失窃，大家猜测系某同学所为，却没有证据。时任舍监的夏丏尊向李叔同请教。李问他："你肯自杀吗？你若出一张布告，说作贼者速来自首，如三日内无自首者，足见舍监诚信未孚，誓一死以殉教育，果能这样，一定可以感动人，一定会有人来自首——这话须说得诚实，三日后如没有人自首，真非自杀不可。"夏丏尊笑谢，"自惭不能照行"。

倘若遇到同样的事，我们能否"照行"李叔同先生的办法？

5

基于爱，基于对生命的理解和尊重，教育的姿势才能真正低下来，软下来。对教育者而言，"义正辞婉""理直气和"，或许是更好的策略。我曾有感而发：一个总是显得"理直气壮"的人，在理不"直"的情况下，也容易习惯性地显得"气壮"，甚至在无理的时候，也会强词夺理，以泼蛮的气势压人——原因在于，他习惯了"气壮"的攻击性态势，而不习惯"气和"或"气弱"的谦和型格局。

以前，看到菩萨塑像，一直不明白菩萨为何总是那样慈眉善目，低眉顺眼。在对佛教有些了解后，才知道那是：因为懂得，所以慈悲，因为慈悲，所以随顺。

在沈丽新老师的文字里，多次读到"随顺"二字。我的理解，就是"随和，顺从"。对于那些让人着急、头疼的孩子，她总是抱以"宽厚的容忍与耐心的等待"，甚至一味地"迁就"。她总是提醒自己："在面对学生显而易见的疏忽、错误、过失之时，不要过于渲染自己的理直气壮。"她甚至不愿说"爱"，而只是说，"对孩子多一点怜惜与同情"。

见惯了老师对学生的居高临下、咄咄逼人，见惯了老师对学生的令出必行、义正辞严，更见惯了老师因学生的不听话、不服从，而咬牙切齿地"恨铁不成钢"，而理直气壮地侮辱、责骂甚至体罚——沈老师却如水一般示弱，"心平气和"，甚至"低声下气"。

在这种"随顺"里，我充分感觉到她对教育本质的理解——她相信改变是会发生的，或迟或早，所以她有耐心，有悲悯。或者用她的话说："不忍那些'学困生'整日接受老师的冷眼与训斥，不忍他们看不到老师的微笑，总想，再忍忍，再忍忍，会感化的，应该可以感化的。"

6

在《江湖一刀教育语录》里，我曾写过这样一段话：

> 我觉得，教育应当是从容、优雅的。可是，如果我们老是跟着潮流和概念疲于奔命，老是被检查与评估搅扰得鸡犬不宁，我们怎么可能从容优雅？不能从容，就只能浮躁，不能优雅，就只能粗糙。不能从容优雅，我们的教师，我们的学生，就不可能真正地体验教育、享受教育，甚至不可能真正投入到教育中。什么时候，我们的校园里多了一分从容，多了一分优雅，我们或许就更加接近教育的灵魂了。

从容、优雅，也是一种姿势，一种缓慢、耐心的姿势，一种怜惜、呵护的姿势。孩子的成长，很多人说像"守候花开"，我觉得更像"守望树成"。因为孩子更像一棵树，有自己的根系和枝节。树的生长与发育，是缓慢而优雅的。"十年树木，百年树人"，这是古话。"桃三李四杏五年"，这是俗语。我们怎么可以期望今天种下一棵树苗，明天就能收获累累硕果？

如果说，教育就是发展人，成全人，怎样才是最好的发展和成全？随顺——依随天性，顺从规律。按佛家的说法，就是"恒顺众生"，即在任何时候，都要顺从众生的意思，根据他们的需求，给予他们方便和快乐。

据说，台湾佛光山上有四个信条：给人信心、给人欢喜、给人方便、给人服务。这，或许就是随顺众生的体现。

7

"不跪着"也好，"蹲下来"也罢，"理直气和"也好，"顺随众生"也罢，都只是一种体态，但毫无疑问，它们都表明一种心态，一种对教育的理解和思考，并暗含着某种行动的趋势和方向。

读《论语》"子路、曾皙、冉有、公西华侍坐"一章，一直在想象，孔子听着弟子们"各言其志"时，他或"哂"或"叹"，或"惜"或"与"的神情，也一直在想象，他由衷领首、"喟然叹曰"的样子。一直觉得，那时候的他，一定不是高高在上地站着，而是随意地盘腿，席地而坐——那样的姿势，或许更能催生思想和生命的成长。

为此，我愿意相信，体态就是心态，姿势就是情怀。教育姿势的改变，其实就是教育思想的改变，是教育状态的改变，最终，也必将是教育面目的改变。

2010年4月

教育，需要的不只是批判

讥议教育，批判教师，在时下的中国，或许是再容易不过的事。

教育牵涉千家万户，关系千秋万代，被怎么关注都不为过。中国教师有千万之众，庞大的队伍，参差的水平，被怎么置喙也都不为过。同时，教育门槛很低，低到几乎没有门槛的程度，就像无论怎样一对男女，都觉得可以教育好自己的孩子一样，似乎阿猫阿狗都能随意指点和比划教育，所以，今天的教育人，时常陷入尴尬之境。

今天的教育，的确有很多为人诟病之处。大端、细枝、末节，宏观、中观、微观，可说道的，很多，该批判的，不少。"人上一百，形形色色"，今天的教师群体，也的确存在性侵、虐童之类不堪的状况，甚至为人不齿的极端恶行。

但是，客观地说，第一，一个群体的构成，大抵是橄榄球形状的：极好的，是少数，极坏的，是少数，绝大多数人，在中间状态——上，可以向好，下，可能变糟。倘若揪住某些个别现象，便放大到整个群体，扩展到绝大多数，感觉还是太主观、偏执、片面。第二，教育处于整个社会系统之中，教育的问题，往往不单是教育的问题。教师也是如此。教师有病，教育有问题；教育有病，社会有问题——这并非要推脱责任，而是说，仅仅以现象论现象，就问题说问题，不看到现象和问题背后更深层的东西，很难说是客观和深刻。

更重要的是，任何一个群体，都不是天上掉下来的。教师身上的问题，也绝非"胎里带"的。比如说，他们的满足现状、不思进取，是否与教育体制有关？他们的不读书、不思考、不研究，是否与政策导向有关？

他们身上的种种毛病，处于"上游"的师范院校，是否也该承担相应的责任？——从教育历程看，一个人所受的中小学教育，毕竟只是基础，高等教育对其职业态度的熏陶、职业方法的传授、职业能力的培养，应该有更重要的影响和作用。

然而，很多人在挥动"批判的武器"时，似乎只看到表象，只属意以"武器的批判"，大肆挞伐、尽情羞辱。更有一些学院派批判者，仿佛置身世外的高人，对中小学教育的真正困境、对中小学教师的现实处境，缺乏感同身受的理解和体谅，总爱拿自己的"教科书原则"和"实验室标准"，去要求一线教师，苛责一线教师，既失偏颇，又显刻薄。甚至，很多所谓的批判，不过就是哗众取宠、谩骂发泄，很多质疑和责难，不过就是无理取闹、落井下石。

所以我曾感叹：当家庭主妇都能对教师肆意指点，当居委会老太太都能进入学校随意比划，当教育到了"千夫所指"的地步时，教师，也就不可能有什么地位和尊严了。

原因或许非常简单——在今天，言说政治，有禁忌，言说政府，有危险，言说公安、武警、公务员之类，极容易惹麻烦，哪怕在异地，在网上，也可能"被跨省""被和谐"。风险系数太高又吃力不讨好的事，或许只有傻子才会干。而这世界上，没几个人是傻子，那些批判者，都知道"半夜偷桃子"的道理，都愿意"拣耙的捏"。所以，批教育、评教师，就成了既没有难度系数和风险指数，又能体现自己的所谓批判精神的最好选择。

问题的另一面是，批判，是否是解决教育和教师问题的唯一方式？

人吃五谷，生百病，自然也生万象。针对"万象"的普遍批判是容易的，针对具体症状的解决，却往往艰难。就像有关教育的道理，谁都可以讲出个一二三四，甲乙丙丁，但是，要真正解决教育现场中的具体问题，恐怕并非每个人都能轻松完成——我曾说过，对教育和教师，严肃的批判，不只是需要，而且很必要。但是我更要说，对教育和教师，仅有批判是不够的，无论那批判是怎样的严肃、深刻、诚恳。

每个人都有自己的边界和局限，教育人也是如此。就像再高明的医生，也不敢夸口包治百病，再神奇的药方，也不可能屡试不爽，放之四海而皆准。现代医学已足够发达，但对很多疑难杂症，依然束手无策。这既是说医学的局限，也是指从医的艰难——面对人类所处的复杂困境，必须承认，总有些病是没法治的，总有些人是没法救的。

不过，这并不意味着我们就只能无所事事，听之任之。就像我曾经说过的：尽管不能力挽狂澜，但至少可以不推波助澜；哪怕我们不能雪中送炭，也至少可以不落井下石。所以，我特别赞同据说是纽约医生特鲁多的说法："有时去治愈，常常去帮助，总是去安慰。"不是所有病都能治，但总有能够治愈的时候；对于病患，医生所能提供的，更多是适时的帮助；倘使连帮助也无能为力的时候，也至少可以去安慰，至少可以表达自己的同情——同情尽管可能没有疗效，但至少可以作为"安慰剂"，让病患不至于感觉到冰冷的绝望。

更重要的是，人的需求，只能建立在他自己感觉到有需求的基础上，就像人的改变，必然建基于他自己觉得应当改变、愿意改变的前提下。美国心理学家威廉·格拉瑟说："不论事情多么简单或复杂，除非自己想做，没有人会只因有人要他这么做，就去做任何事（没有人会去做任何人要他做的事情），所有的生物——我们人类也不例外——只会去做那些他们相信最能满足他们的事情。""牛不饮水强摁头"的道理，世人皆知。牛没有渴意，你使再大的劲，也不会有效果。

对教育来说，批判也好，帮助也罢，要真正发生效用，离不开教师的意愿和需求。道理很简单，没有需求和意愿，他压根儿就不会关注你的批判和说教，甚至不会接受你的帮助和安慰。所以，近年来，随着对教育问题的理解，随着对教师生活的关注，我越来越看重教师的心灵世界建设：唤醒他们沉睡的心灵，让他们尽可能拥有健康、持续的精神追求。我深信教育的力量在于教师，而教师的力量，首先在于他们深度的内心觉醒，来自他们内心觉醒后，所迸发出的"无法抑制的教育欲望"（斋藤孝语）和丰富、持续的创造激情——如果说教育是一艘置身险境的危船，一个教师在自救不能的情况下，何谈拯救和帮助别人？

我始终觉得，优秀的教师，不是培训出来的，就像优秀的作家，不是学校教育出来的。美好的教育，不是批评出来的，就像美好的生活，不是靠抱怨就能得到的。基于对自身边界和局限的认识，我更愿意把教育理解为，教师与学生的"互相陪伴，彼此成全"——教师工作的最大意义和价值，也许并不在他所传授给学生的知识，或让学生习得的能力，而在于他曾经以自己的热情、智慧、尊重和宽容，陪伴学生所走过的岁月，所经历的旅程，所获得的感受和体验。

就像此刻，你阅读这些文字后，无论你生发的是"同感"，还是"异见"，都是对我写作过程的一种陪伴，也是对我文字价值的一种成全。

2014年2月20日

教育依然是理想主义者的事业

2007年3月30日,我发起和组织的教师民间团队知行社开展首次活动。成立仪式和讨论交流后,十多个人一起看了一部电影。当然是有关教育的。原本准备了好几部,有《放牛班的春天》《死亡诗社》,还有不算教育电影,但也挺有教育意义的《肖申克的救赎》。但不知为什么,最终我选择了《死亡诗社》。

这电影我事先看过,而且一连看了两次,很振奋。随后写了一篇长长的随想式"观后感",叫《就像春风唤醒冬眠的蛇》。由电影出发,我想到不少东西。关于教育,关于诗歌,关于生命,基廷的离开,尼尔的死去,教师的职责,启蒙者的悲壮,等等。我甚至还准备再说说职业激情的。驳杂,纷繁,有长度,也还有些深度。或许正是由于这样的原因,看完那文章的,估计不多。

电影看完了,知行社的成员们也算得上激动。情绪和思考,都很活跃。晚上回来,就看到社员"糊一刀"的首帖。对基廷的教学方式,他是既赞同,又觉得无奈。他感叹道:"为了理想,我们得站在讲桌上,使自己的视野更高也更与众不同;为了生活,我们得从讲桌上下来,脚踏实地,老老实实地'量化'!"

这样的无奈,我也有过,甚至现在也有。相信很多同仁都不同程度地有。所以我能理解和体谅这种矛盾、痛苦。但这话引发了我的另一番感触,关于生命和成长的感触。

古人有种计时的设置,叫沙漏,颇堪把玩。沙粒当然是多的,所以有人用"恒河沙数"来指代人生。但装在沙漏中的沙粒再多,也是有限的,一粒粒流逝，再慢，也总有完结的一天。如果对我们每个人的一生，都用一只沙漏来计时，那会是什么感觉？或大或小的一漏斗沙，那是上天赐予我们的。但那漏斗有孔穴，属于我们的人生，正一点一点流逝。流逝的速度，有快有慢，到最终流完的时间，有长有短。但无论如何，最终，它都会流完逝尽，这无可逆转，也无可更改。

人生的过程，正是如此。我们谁都不是孙悟空，能到地府里修改自己的"生死簿"。所以在回复"糊一刀"时，我曾说："人的成长，就是梦渐渐醒来的过程，是理想越来越小的过程，是自由逐渐失去的过程，是身体渐渐衰败的过程，是灵魂越发萎缩的过程。"这也是无可更改的。悲观？是有一点，但悲观正是生命的本质。只是我并不绝望。我说过，我是个悲观的理想主义者。对人生世事，我信奉这样的理念：乐观而不盲目，悲观而不绝望。不绝望，因此还有理想。或者说，因为有理想，所以我悲观，但不绝望。

对教育，尤其是中国目前的教育，我也这样看。身为教育中人，对教育的许多沉疴痼疾，种种弊端陋习，我有着深刻的认识和体验，甚至切肤的痛憾和感叹。但对教育的未来，我仍有着坚实而温暖的期望，或者说理想。教育本身就是理想色彩很浓的事业，我甚至说过，教育是人类最后的乌托邦。因为是"最后"，所以更为必要、珍贵，更值得我们虔心坚持，虔诚守望。

正因如此，在教育的过程中，我们不断鼓励孩子前进，鼓励他们有理想，有目标。尽管我们明白，这样的理想，不一定能坚持到底，不一定能适应于现实的生存环境；这样的目标，不一定能够最终实现，很多时候，目标可能随着孩子的长大而越发萎缩、变小。我知道，理想与现实间，有很大差距。我也知道，理想在现实面前往往会无能为力，理想主义者，往往会在现实面前碰壁，直到头破血流，甚至为此付出生命的代价。但我更知道，尽管如此，教育依然是理想主义者的事业，在教育的路途上，始终飘扬着一面叫"理想"的旗帜。理想和追求在，动力就在，希望就在，充实就在，收获就在。

就像我一向认为的那样：个体的声音是渺小的，但它毕竟存在过，个体的思想是单薄的，但它毕竟是自己的。甚至我还用这样的话语自勉，也与同道者共勉——"我们还不先进，但能做到先行；我们不是哲人，但有自己的思考；我们不能扭转季节，但可以营造局部的春天；我们不能改变环境，但可以调整自己的心态；我们也许还不优秀，但正走在通往优秀的路上。"筹建知行社时，我拿这几句话作了"口号"。我确信，即使是在作为教师的成年人心底，理想，也依然是一支标杆，是激发我们前进的动力之源。

当然我也知道，理想与现实之间的矛盾，是永远的存在。这其实很正常。如果理想和现实一样，那就不叫理想了。如果现实就是理想，也就没必要再追求什么了。我曾经说，在现行体制下，最痛苦的教师，是那些真正有教育梦想，对教育有自己的理解和主张的教师，尤其是那些面对现实、始终不肯妥协的教师，他们所要行走的，绝不可能是康庄大道，他们只能在崎岖的小道上前行，甚至不可能得到任何来自官方的掌声和鲜花——当然，他们也并不会真正在意这些，除了内心的思想和信仰。

其实，不只是教师，也不只是教育。我们的人生，何尝不是如此——我们都知道，最终会失去现在拥有的一切，但是，我们会因为最终的失去，就一刻也不愿意拥有吗？

答案，当然是否定的。

在关于《死亡诗社》的随想中，我肯定甚至赞扬了基廷，认为他是一个伟大的启蒙者；我甚至也肯定和赞扬（当然也有同情和惋惜）了尼尔的自杀，认为他是一个勇敢的反抗者。尽管影片所表现的，是一个悲剧，但我认为这悲剧是有意义、有价值的，甚至是"必要的"。启蒙者的命运，从来就鲜有功德圆满的；反抗者的结局，也大多要付出沉重的代价。但既然这是"必要的"，就必定要有人去承担，也必定会有人去承担，不是基廷，就可能是马修（《放牛班的春天》中的那位老师），或者艾琳（《自由作家》中的女老师）；不是尼尔，就可能是查理（在《死亡诗社》里，他被开除了），或者托德·安德森（在《死亡诗社》里，他曾经胆小、懦弱、沉默少语，影片结尾时却率先站上课桌，反抗颟顸的校长）。温和的改良难以奏效时，势必会有激烈的斗争和革命，而斗争和革命，自然就不免流血和牺牲。

所以，对于基廷和尼尔，我没有悲哀，尽管我也痛心；我没有流泪，尽管那是真正的悲剧。我从他们身上，看到了一种激情和梦想，一种坚韧和执着。甚至我从他们身上，感觉到了一种责任和担待，一种应当承负的使命和艰难。

在回复"糊一刀"时，我还说过这样的话："我们不能给孩子们太多保证，对他们的人生，不可能给予太充分的肯定。但是，人既然面对着这样的命运，或者说，在不同的人生阶段，人会有不同的经历，尽管知道最终会丧失，但我们还不能因此就在刚开始时放弃。好比说，生命，最终是会归还给上帝的，但我们并不愿意也不可能在一开始就归还给他。"

所以我仍然确信：基廷是一个英雄，虽然是失败的英雄，但我敬重他的激情。尼尔是一个斗士，虽然是已经牺牲的斗士，但我尊重他的毅然决绝。同时，我仍然坚守自己所认定的：我的一切，最终都会归还给上帝，但即使在归还前的最后一刻，我也不会轻言放弃。

就像即便理想的旗帜被现实击打得千疮百孔，它也依然会选择临风飘舞。

2007年4月3日

抬头就能看见远方和天空

正月初二，跟朋友去泸沽湖，随手（机）拍了些照片。其中一张，"抓"自游完草海、从"走婚桥"返程时——长长的青石路上，有秃枝的暗影，返程的人影；路边，还有摩梭妇女、孩子摆的小摊。但这一切，浴浸在夕照余晖里，有着奇怪而美好的安静。

而在更安静的远处，镜头所及，是空寂的山，比山更空寂的天，那么蓝，那么远，那么辽阔——放在QQ空间里时，我把它命名为"走向高远"：虽是静止的画面，但在那景深里，"走"的意味十足。

走向高远，应该是人生的核心价值所在——作为时间之子，一个人活得再长久，也总会有over的一天，活得再辉煌，相对于漫长的光阴之流，也只是匆匆过客。但是，我们依然渴望并努力让自己活得更长、更久，以便更多地亲历和见证这世间的爱与哀愁，笑与泪眸……"熟悉的地方没有风景"，所以，我们总是一次次出发，总是始终保持向前的姿势、行走的姿势，努力把自己的身体和感觉，搬运到更辽远的地方，让自己的眼睛和心灵，触抚到更敞阔的风景。

世界虽然庞大，我们栖息的空间，却很渺小。再阔绰的房间，夜里睡觉，也只在一张床上；再繁华的都市，经常去的，也只是有限的几个地方。有时甚至觉得，空间之于我们，更像牢室，束缚和拘囿着我们的生命，倘若我们不能努力往高处行走的话。人成长的过程，总是慢慢长高、变强，慢慢拓展自己的空间和世界——这种拓展，既是向远的，也是向高的。

向着高远，即使身体不行，至少心灵可以。就像我曾经说过的："身体在红尘里行走,灵魂在高空中飞翔。"或者,像我们所熟悉的:既要脚踏实地,也要仰望星空——行走的时候,我们眼里,除了脚下的路,身边的景,还应当有高处的高,远方的远。人生长路,应当始终有一种"高远感":既仰望高天,也眺望辽远。

教育,也是如此。

我一直喜欢这样的说法:教育,就是"为一个尚未存在的社会培养新人"——任何一个世界(包括我们拥有的这个世界),都是人的创造,也都会因为"人"而改变。在我们的前方,一定存在着这样的世界,现在"尚未存在"的世界,就在我们前方,在我们脚尖指示的方位。也许,以我们的脚力很难抵达,但是,我们的孩子,我们的学生,他们将会沿着我们走过的道路,继续向前,他们将会带着我们所授予的知识与能力、思想与智慧、情怀与品行,不断前行,不断抵达,不断创造,不断改变。

跟家长交流,谈到教育进步的艰难和缓慢,我总是说:你与其期望国家教育的改革,不如期望学校教育的改善;你与其期望学校教育的改善,不如期望教师个体的改变。这既与我骨子里的"悲观"有关,也建基于我对教育变革的体认和理解:自上而下的大变革,往往流于形式,难有实效;自下而上的微革命,往往更容易发挥作用,甚至立竿见影。这也是我一直强调"努力营造局部的春天"的原因所在:只要愿意,我们每个教师,都能在力所能及的范围内,营造出局部的春天,局部的温暖和美好。

但是,这并不意味着我们就应该只是低头拉车、埋头赶路,小车不倒只管推。无论被动应付,还是主动承担,方向都非常重要。方向错误的时候,跑得越快,离目标就会越远,所谓"方向不对,努力白费"。所以,我特别赞同钱理群先生的"八字方针":想大问题,做小事情——大问题就是方向,就是"高远";小事情就是现实,就是"当下"。只有这样的"想"与"做"结合,或者说,只有这样的"高远"和"当下"结合,才能保证我们方向正确,目标明确,路径准确,行动精确。

对教师个体来说,这种"高远感",还有更重要的意义。

教育的繁难、艰辛，几乎每个教师都有切肤体验。备课、上课、听课、开会、迎检、改作业、管学生、搞家访、做课题……学校里的所有事情，对每个教师几乎都是一样的。但是，同样的繁难、艰辛，有的人默默忍受、度日如年，有的人苦不堪言、怨声载道，有的人却甘之如饴、津津有味——这固然与每个人对工作的认同感、接受度和喜爱值有关，更重要的是，每个人对职业意义和工作价值的理解有差异。我始终认为，人最大的痛苦并非忙碌，而是品尝不到忙碌的成果，体验不到忙碌的意义，感受不到忙碌的价值。

那些在薄弱学校工作的教师，尤其如此。他们的工作量，与教学质量好的学校相比，并没有天上地下那么大，但是无论教师，还是学生，无论心理感受，还是精神风貌，都相去甚远：教学质量好的，师生都有奔头，目标明确，行动坚定，意气风发，因为他们的每一点努力，都会获得报偿；教学质量差的，师生都没什么指望，神情涣散，毫无斗志，因为他们的所有努力，几乎都不会有什么效果，更别说回报——他们中的很多人，尽管成天忙碌，像旋转的陀螺，却总是原地踏步，就像掉在茫茫大海中，无论怎样努力挣扎，都只见满眼波涛，而不见星点希望；又仿佛置身浩瀚沙漠里，无论怎样努力行走，都只有荒凉的黄沙，而不见希望的绿洲——据说，有很多人，最终就死于这种长久失望后的绝望。

所以，谈到教师的职业倦怠，除了"单调""重复"外，我觉得更要命的原因是，很多人沦陷在琐碎的事务中，浸淫于灰暗的意绪里，围绕着他们的，除了消极，就是悲观，除了失意，就是绝望。如梭罗所说，很多人都生活在"平静的绝望"之中。

而要冲出这种重围，当务之急是，努力寻找工作的意义，尽量发现自身的价值——即使寻找不到，发现不了，也要"赋予"自己的工作以意义和价值，哪怕这种"赋予"是虚妄的，也要让这虚妄的赋予，变得充实而结实，至少在我们的感觉和心念里，它应当成为一种真实和坚实。

一个教师，如果不能在日常工作里，发现"超越"工作本身的意义和价值，就很难有快乐和幸福的体验——"超越"，就是为庸常的生活赋予神性，"超越"，就是让黯淡的日子焕发光芒。这既可以说是我们的宿命，也可以说是我们的使命。

把"教育"看作宿命，你就会有劳役感；把"教育"看成使命，你就会有创造感、成就感，进而，也就会有归属感和高远感——只要抬头，就能看见天空和远方。

2014 年 3 月 10 日

美好教育的可能

"知识就是力量",是英国哲学家弗兰西斯·培根的名言。这貌似一个肯定判断,但我更愿意理解为,它是一个形象的比喻。因为就实质而言,知识本身并不就是力量,甚至,有知识,也不一定就有"能量"——任何一本百科全书,都"装载"着很多知识,但百科全书本身,除了因其厚重而可用于打人外,是没有什么力量或"能量"的。

"知识(knowledge)"这个英语单词,第一个音节"know",是"知道"之意,词尾的"edge",是"领先"之意——这或许意味着,除了"知道"一些东西外,还要让这些东西处于甚至始终处于"领先"地位,才会有力量(power)。从汉语看,"知识"一词的组合也意味着,只有"知"(知道)与"识"(识见)相结合,才能成为真正的"power"。就此而言,我们熟悉的"用知识武装头脑"这个比喻,或许更接近问题的实质和真相,而其关键点显然是"武装"。

因此,与其说"知识就是力量",不如说"教育才是力量",因为教育的本质,就是要解决如何用知识去"武装"头脑的问题。这就意味着,教育不仅要授人以"知",还要让人学会转"知"为"识",由"知"而"智"——知识若不能转化成智慧,不能形成个人识见,不能运用于具体实际,它就算是"活体",也必然患上"肌无力"的毛病。

我们都知道"知识改变命运",先不论知识是否真能"改变命运",就算能够改变,这种改变,是往好的方向,还是朝坏的态势,还在"两可"之间。有很多人(包括我自己),因为"知识"而改变了既定的命运,变得更加美好;但的确也有一些人,因为"知识"而变得更加糟糕、不堪——

这正如"武装"本身，它可能维护和平，也可能造成战争，可能伸张正义，也可能助推邪恶；它所带给我们的，可能是幸福，也可能是灾难。

《五灯会元》里，有一则关于文殊菩萨的公案，简单却颇有意思——

> 一日令善财采药，曰："是药者采将来。"善财遍观大地，无不是药。却来白曰："无有不是药者。"殊曰："是药者采将来。"善财遂于地上拈一茎草，度与文殊。文殊接得，呈起示众曰："此药亦能杀人，亦能活人。"

在善财眼里，大地上没有不是药的，这与乡下老家人所谓"百毛百草都是药"一个道理。文殊所谓"此药亦能杀人，亦能活人"，问题只在你拿它来怎么用。譬若砒霜、鸦片，少用都可做药救人，多用则会成毒杀人，但它们本身是无所谓好坏的。

"杀人"和"活人"所意味的，其实是一种"可能"。

对教育而言，或许很合用那句经典广告词：没有最好，只有更好——最好也好，更好也罢，"美好"或"趋于美好"，应该是教育的题中之义。我愿意相信，教育的本质就是，让人通过"教育"变得美好，变得更加美好。显然，这不仅指单个的人，也包括整个人类。因此，让人（人类）变得美好、更加美好，既是教育的分内之事，也是教育的必然追求。

与此同时，教育本身，无论是教育者，还是教育行为、教育内容、教育方法，或者教育事业，都既有变好的"可能"，也应有变好的"动能"。人类的教育史，其实就是一部教育的变革史。自古及今，教育领域内所有的变革冲动，莫不是建基于人类对于美好教育的向往，对于更加美好教育的追求——它所意味着的，也是一种可能。

既然是"可能"，也就意味着"不可能"。就像今天，教育既给我们带来幸福，也会让我们感到痛苦，既有人因教育而致富，也有人因教育而致贫。

捷克作家米兰·昆德拉说："生命是一棵长满各种可能的树。"教育，也是如此——教育是关乎生命的事业，生命的无限丰富，意味着教育的无限可能。从大的方面说，不同时代，不同国家，不同的文化背景，其教育的生态和形态，都因其不同而丰富多元。从小的方面讲，每所学校都有自己的教育主张，每个教师都有自己的教育理解，每个学生都有自己的发展方向，都有无限的发展可能。因此，所有的教育之道，所有的教育变革冲动，不过就是通过"教育"，让潜在的"可能"，变成现实的"能够"，从而让人变得更美好，让我们的生活和生命变得更美好——这样的教育，才是美好的，才是值得我们去做的。

用"美好"来表达我对教育的理解和主张，似乎有些含混、模糊，缺乏科学应有的清晰和明确。但我固执地以为，教育虽然是科学，但也应该是艺术；因此，在"教育"前面加上任何明晰的界定，都可能是对教育丰富的"可能性"的限制和伤害——任何明晰的界定，都难免挂一漏万，甚至弃大求小，远不如"美好教育"更具有包容性和张力感。

所以，对于教育，我始终愿意用一些"灵性"的词语来呈现和描述：善良的，人性的，生活的，生命的，温润的，柔软的，悲悯的，良善的，敞亮的，辽阔的……所有这些词语，它们的全部或部分，都是我所理解和期望的"美好教育"——如果可以，我愿意在每一个词语前面，再增加一个"更"字，以让它"更美好"。

显然，当我为"教育"加上"美好"这一修饰语时，既意味着教育现实的不美好，或不够美好，也意味着对可能美好的教育的祈望和追寻。这是否定，也是肯定，是批判，也是建设，是质疑，也是追寻，是区分，也是抉择。事实上，我所说的"美好教育"，其实就是建立在"不美好"现实教育之上的一种"可能"的美好。

我时常痛感，今天的教育，是只有知识而没有智慧的教育，是缺乏生活甚至没有生活的教育，是丧失了人性和灵性的教育，是机械、枯燥、冰冷、死板、麻木、逼仄、僵化的教育，是让人痛苦、倦怠、厌弃，甚至"热爱到恨"的教育——"爱"源于内心，"恨"生于现实——尽管如此，对于糟糕不堪的现实，我们又不能一"恨"了之，因为"恨"不可能改变现实，抱怨、指责、批判、讽刺也不可能。无论是砸碎或改良旧世界，还是创造或建设新世界，都只能依靠我们每一个人的行动，不断地行动——只有从改变自己开始，从能够努力的地方开始，我们所期望的"美好教育"，才有成为现实的"可能"。

萧伯纳说："我希望世界在我去世的时候，要比我出生的时候更美好。"我也有这样的"希望"，无论对庞大的世界，还是效力的教育。这些年来，我对教育所作的种种努力，些微的影响或改变，正是为了这种"可能"的美好，至少，在我思考时、在我言说时、在我行动时，我心里常存着这样的"美好之念"，就像《圣经》里说的，"如今常存的，有信，有望，有爱"——我甚至觉得，心怀美好才能发现美好、创造美好。而不断发现和创造美好，最终也就"可能"使自己变得美好，使教育变得美好，使世界变得美好。

我也愿意相信，所有热爱或喜欢教育的人，所有愿意为教育努力的人，所有对可能美好的教育未来抱有信心的人，也都会有萧伯纳那样的"希望"——有希望，就有"可能"；有美好教育的"希望"，就有教育美好的"可能"，就有美好生活的"可能"。

2012 年 12 月 6 日于成都师范学院

品读：书斋里的教育

到俄罗斯去看雪

对俄罗斯，似乎一直有种莫名的钦羡和向往。

因了这缘故，较之其他国度和民族，对俄罗斯，似乎更多了一份牵挂和惦念。仿佛那是我前世的乡愁，最古远的心灵祖籍。尽管我从未有幸去过那信美的国度，尽管我从未有缘拜晤过那民族中的任何一员，尽管时至今日，我与他们，仍遥距着上万公里的迢迢路程，遥距着难以数计也无可逾越的重重阻隔和障碍——尽管如此，我却始终一厢情愿地，思念着那一片常年覆满冰雪的大地，始终执拗顽固地，怀想着那一方闪熠着迷人辉光的艺术天空：在那儿，周布着无数我熟悉的大师的名字。那些名字，每一颗，都灿若星辰；每一颗，都能让我的心怀，禁不住为之微微震荡。

但实在说不清楚，俄罗斯艺术天国的光芒，是在何时，以何种方式，照亮我的生命，给我的灵魂以强烈的震撼和感动的。

也许有上辈的因素吧，我想。我们的上辈，欣逢"喀秋莎"和"红莓花儿开"响遍全中国的年代，他们自然领受了保尔·柯察金"钢铁"意志的鼓励，并因此而满怀激情地为那个时代，奉献着自己的青春和热血。在寂寥的老家，那僻远的乡村，我曾不止一次聆听过那些一字不识的农民，在黄昏的牧笛中，或轻扬的晚风里，哼唱"每当梨花开遍了天涯"。那音色，虽不优美婉转，那旋律，却深沉绵缠，准确得惊人。俄罗斯最先在我心灵深处留下的印迹，似乎就是那沉郁而绵缠的旋律了。

也许还有其他的渊源。比如说，那部看过很多次的电影《列宁在1918》；比如说，那句许多人都耳熟能详的名言："人的生命是最宝贵的"；再比如说……类似的细节和片段，肯定还有很多。但我无法确知，让我的灵魂为之神往的最初缘由和动因，究竟是什么。艺术的诱惑和熏染，往往神秘幽邈得我们无从窥视，自然也无从说起。

能肯定的，或许应算小学时，一位姓刘的音乐老师对我的启蒙和熏陶。

刘老师很和蔼，平易近人。待我也很好，常常在我放学后去她那简陋的小屋玩耍时，给我拿糖吃，给我唱歌听。唱得最多的，是那首经典民歌《三套车》。刘老师嗓音浑厚，沙哑中略带愁郁。和了风琴的伴奏，那本色的声音，更其响亮，深沉。当它在暮色中飘升起来，便宛若灵翅的鸟儿，引领我的灵魂，直向上飞翔，让我恍惚看到：冰雪覆盖的伏尔加河上，几只狗拉着一架雪橇，缓缓穿过古老的乡村。驾车的人，一边喝着燥辣的伏特加，一边唱着忧伤的歌谣。他那幽深明澈的眼里，似乎暗含着莹莹的泪光——时至今日，每听到收音机或电视里，传出那熟悉的旋律，便会想起刘老师，想起那简朴的小屋，那甜美的糖粒，以及如糖粒般怡润着我心灵的歌声。

也就是在刘老师那儿，我读到了平生所读的第一部长篇小说。居然是俄罗斯的，残缺不全的竖排本，繁体字，册页泛黄。名字记不清了，作者记不得了，内容也只有约略的大概：一个叫阿廖沙的孩子，和他的朋友到金刚山寻宝——也许是寻亲——的经历。那时家里忙，除上学外，还得帮家里干活儿，难得有空闲时间。读书便多在上学前或放学后，边烧火煮饭边看。后来不小心，就将书与柴草一起，塞进了灶孔里。到醒悟过来，只抢救出了半卷焦糊的残页。我自然为此懊恼伤心了许久，并且有很长一段时间，没敢再去刘老师那小屋。

也许，事隔多年，刘老师早忘记了这些事，我却深深记得。那是我文学方面的最初启蒙。虽然今天名利和金钱早已牢牢主宰了这个世界，并不断影响、改变着我们的生活，但每想起那曾让我如痴如醉的书，我就会想到"艺术"这个干净、纯美的词语，并从中汲取到抵御物质诱惑的力量。

后来进城读书，在县城图书馆那满架满架的文学著作里，我发现，贮存最多的，竟然也是俄罗斯的。如饥似渴，我真就像高尔基说的"扑在面包上"那样，一口气吞读了普希金的《叶甫盖尼·奥涅金》、屠格涅夫的《猎人笔记》、莱蒙托夫的《当代英雄》和列夫·托尔斯泰的《复活》《安娜·卡列尼娜》等名著。精神饥渴，书便读得囫囵吞枣，加之修行不够，不免半懂不懂。但那些至纯至美的感人篇什，那些博约深邃的伟大作品，却使我在不知不觉中，完成了一次次超越时空的异域精神之旅，并看到了真实的人生，真实的人性——回想起来，我这样一个头顶高粱花的农村孩子，能自觉不自觉地走进文学的殿堂，选择文学作为自己的精神方向和生命方式，应该归功于俄罗斯艺术的熏陶和感染。

我一直偏爱俄罗斯文人身上，那仿佛永远也拂逆不去的忧郁感伤，那以带伤的手指，抚慰另一颗带伤心灵的悲悯温慈。这可以说是所有俄罗斯艺术大师的风格和底色。但这还并非我痴迷的全部。因为那忧郁感伤、悲悯温慈，若缺乏一定的背景，缺少足够的氛围，也不免会显得矫饰和故作——实际上，我所迷恋的，是因为这忧郁感伤、悲悯温慈，总是与雪有关：那覆盖着俄罗斯大地的雪，那飘扬在俄罗斯艺术天空中的纯净的雪。

在我看来，只要天地间飘扬起雪花，只要那寒冷的雪花，降落在白桦林里，只要雪橇上的栗色牝马，踽踽穿行在散发幽幽蓝光的空旷雪地上，忧郁和感伤就会降临，悲悯温慈的渴望，就会蒸腾而起，如亭亭玉立的白桦，如马车铃声的寂响。换言之，是雪给了他们那种深沉的忧郁和悲悯。也是雪，让他们具备了不让人畏惧，却令人景仰的力量，具有了某种仿佛天生的高雅、沉默、庄严的贵族气质。那是沉淀在深厚的文化底蕴中、从骨血深处衍传下来的一种精神特质。

因此，直到现在，我仍固执地认为，俄罗斯的艺术作品中，如果缺少了冬天，缺少了能让人踩踏出吱嘎之声的苍凉雪地，它那博大壮美的神韵，虽不说会荡然无存，也至少要减少几成。

读大学时，我迷上了诗。俄罗斯诗歌中，自然不乏震撼我心的，如普希金、莱蒙托夫、古米廖夫、阿赫玛托娃、布洛克……但我最喜欢的，却是至今仍能默诵的一首小诗："马车在辽阔的雪原上徜徉／雪，像块大披肩铺在地上／一条无尽无休的大道／绦子一般伸向更远的地方"。更远的地方，是顿河还是西伯利亚，我不知道，但我敢肯定，依然是铺满白雪的土地，苍凉悲郁的土地，俄罗斯的土地。每次吟咏着那简单的诗句，都让我有更新鲜更深刻的感动和心痛。

还有一次，在阅览室里翻一本杂志，看到一幅插图，题目好像叫"白乌鸦"。画面中央，是直通天穹的俄罗斯教堂。远远的树上，有或起或飞的白色的乌鸦。更远处，是静静流淌的伏尔加河。近处，则是雪地上走向教堂去祈祷的教徒；教徒们神色庄肃，沉稳，洋溢着一股浓厚的冷静和幽寂。我不知道，怎么就喜欢上了那画，喜欢上了那画的沉郁和宁静，喜欢上了那画带给我的冥想和忧伤。

1991年，除开自己的工作去处，我最关注和关心的，就是俄罗斯的命运。苏联解体了，我并不感到多少失意。一个民族的暂时失落，并不会抹掉人们对它的辉煌过去的美好记忆。相反，我对这个民族的前景，充满了深刻而坚实的希望。因为我看到了遍布俄罗斯的那些博物馆和图书馆里，依旧拥挤着参观的人流；他们的脸上，有悲壮，有哀愁，但没有气馁。

这让我深深地感受到：苏联的政治、经济虽然崩溃了，但人们的思想，并没有因此崩溃。他们的精神支柱，仍坚定地挺立着。他们在沧桑巨变中，依然守护着心灵之烛。古老博大的俄罗斯文化，让他们始终保持着内心的和谐和严整。这样的民族，是永远也不会消亡的。因为他们相信，叹息和气馁是没有用的；他们相信困难终究会过去，美好的时光终究会到来。就像瓦西里说的那样，面包会有的，牛奶会有的，一切都会有的。

当我知道，普希金、托尔斯泰的坟墓，依旧整饬严谨，依旧为灿烂的鲜花围裹、簇拥时，我更深切地感知到了这点。可以说，没有哪一个民族，能够像俄罗斯那样热爱文学艺术和作家、艺术家。或许正是由于他们的劳动和创造，俄罗斯的艺术天空才永远灿熠、明亮，永远庇护着饱受苦难的人类，使人类在饥荒、灾害、战争的间隙中，能够看到明丽的希望和辉煌。艺术的气质浸透了他们的灵魂，使他们的言行举止，优雅而不失热情，浪漫而不乏真诚。我喜欢这样的民族。他们不仅有辽阔广袤的被白雪覆盖的大地，又有周布着无数我熟悉的灿若星辰的大师的艺术天空：果戈里、列维坦、柴可夫斯基、帕斯捷尔纳克、陀思妥耶夫斯基……

所以，如果有机会，我一定要去俄罗斯，去看看桦树林里的小木屋，蒲宁笔下的乡村和庄园，去看看蓝天里飞翔的白鸽，红场上尖塔一样的屋顶。我要去感受一下俄罗斯民族从古至今沿袭下来的书卷气。我知道，这种高贵典雅的气质，在世界许多国家，已经不多见了。或许在古老的俄罗斯大地上，在被冰雪蕴藏着的乡村或田野，我还能找到一些高于物质的精神文明。那是人类永远不可或缺的动力和支撑。

更重要的是，我要去好好体会那儿的雪。那干净而安静的雪呵，或许能清凉我渴燥的灵魂，抚慰我惶乱的心智。

1997年12月于苦茶居

腹有诗书

东坡诗里，特喜欢"腹有诗书气自华"这句。总觉得，里面蕴含着很多形而上的意韵。而这，窃以为，正是读书人有别于其他人的地方。

一个叫吉辛的英国人曾说："读书人和不读书人的距离，就如同死人和活人之间的距离一样。"这话，显然太夸大其词。但细细一想，似乎又不无道理。"秀才遇到兵，有理说不清"，说的虽是"鸡同鸭讲"的交流障碍，但往往，话语也能区别和彰显身份——不同身份的人，自然有不同的话语体系，而这体系的内部构成，必定是各自的学养和识见，道德与情操。说得直白些，就是腹笥里装着的那些书们和书们酝酿发酵出来的东西。"看看人家，读过书的人，就是不一样。"在乡下老家，夸人明白事理，说话得体，这几乎是经典句式。

苏东坡的好友黄庭坚曾感叹："士大夫三日不读书，则义理不交于胸中，对镜觉面目可憎，向人亦语言无味。"跟老师们交流，我曾以此为例，结合东坡诗句，说"书是最好的化妆品"：精神和生命的化妆品。一个腹内多书的人，不但胸次玲珑，谈吐优雅，脸上也常有怡人气色，大度雍容，即便上了年纪，虽满脸沧桑，却和蔼慈祥，从容笃定；那些腹中空空的人，长相往往越来越困难，满脸板结，如多年未翻耕的土地，茫然荒芜，猥琐难堪。难怪美国总统林肯会说："一个人到了四十岁以后，就应该为自己的长相负责。"如何负责？当然不止读书一途，但如果长期远离读书，直落得一襟风尘，满面烟火，人就真可能俗不可耐。

读书人自然是"好读书"的。他们对"读书"这一行为的膜拜和推崇，时常夸张得无以复加。南宋诗人尤袤说，"饥读之以当肉，寒读之以当裘，孤寂而读之以当友朋，幽愤而读之以当金石琴瑟"，读书几乎可以替代生命的全部。林语堂则说，读书可以"开茅塞，除鄙见，得新知，博学问，广见识，养性灵"，简直就是包治百病的灵丹妙药。很多年前，我一位特别好读书的朋友，甚至说过"日无泪垂"，简直到了"不可一日无此君"的地步。

不过，似乎真是"文章憎命达"，"穷困"之于读书人，仿佛孪生兄弟，如影相随。看电影电视，或古书插图，读书人的扮相，多半形容消瘦，心力交瘁，而鲜有肠肥脑满，浑身赘肉者。穷困潦倒，难以显达，人皆以为苦，读书人却能自甘其苦，自得其乐。《论语》中说到颜回，孔子曾迭加赞赏："贤哉回也！一箪食，一瓢饮，在陋巷，人不堪其忧，回也不改其乐。贤哉回也！"人不堪其忧，回不改苦乐，面对同等情状，"回"和"人"的差别，正是读书人和不读书人的差别——想想，那青灯黄卷，三更灯火五更鸡的日子，好过吗？那囊萤凿壁，头悬梁、锥刺股的滋味，好受吗？读书人却趋之若鹜，甘之如饴，何哉？"书中自有黄金屋，书中自有千钟粟，书中自有颜如玉"也。

读书的目的，也时常被读书人表述得极为高迈宏大，道是"修身齐家治国平天下"。似乎书读得好了，便可经天纬地，济世安邦——喜欢背着精神的十字架奔走，哪怕饿着肚皮，也要坚持顶天立地的梦想，这是读书人的可爱处，也是其可笑处。"治国平天下"之类，往往言过其实，大而无当，多半难以落到实处。而且，倘要较起劲来，真要让读书人身背社稷，负轭前行，那也实在太难为"手无缚鸡之力"的他们了。甚至，读书人因痴情于书而不事生产、经营者，多矣，其境况之悲惨、凄凉，往往连"齐家"之愿，也难以实现。

所以，我更愿意相信，读书最大的功用，只在于"修身"，即修炼自身：通过读书求知，构建起自己的精神大厦，以抗衡俗世的物质处境。所谓"闭门即是深山，读书随处净土"，哪怕现实再艰困，读书人也能以"书"为安身立命之本，横空超越，睥睨俗流。

书读得多了，对人对事，读书人的见解便常常显得非同凡响。譬如说穷富，孔子便说过"不义而富且贵，于我如浮云哉"。当他困于陈蔡之间，被人笑话为"丧家之犬"时，还津津乐道："君子固穷，小人穷斯滥也。"又譬如说钱财，一般人总是"韩信将兵，多多益善"，为达目的，不择手段，读书人却时常固守原则，说："君子爱财，取之有道。"

这还只是个人小节。涉及关乎家国天下的大事，读书人的态度更是显豁。毛词中"恰同学少年"诸句，最让人动心。尤其是"指点江山，激扬文字"之语，庶几道尽了读书人"以天下为己任"的浩阔情怀。读书人中，虽也有"两耳不闻窗外事，一心只读圣贤书"的"冬烘先生"，或"三家村学究"，但"位卑未敢忘忧国"，因而"国事家事天下事，事事关心"者，更是大有人在。"有关家国书常读，无益身心事莫为"，是读书人说的。"太息风流衰歇后，传薪翻是读书人"，也是读书人说的。"苟利国家生死以，岂因祸福避趋之"，还是读书人说的。"天下兴亡，匹夫有责"这样慷慨激越的话语，更是出自读书人之口。北宋大儒张载（人称"横渠先生"），论及读书人的责任与使命时，曾有"为天地立心，为生民立命，为往圣继绝学，为万世开太平"之言，被称为"横渠四句"。据称，此四句，最能体现儒者的襟怀与抱负，也最能突显读书人的器识与宏愿。

当然，满怀的抱负，满腹的壮志，满脑的忧患，倘若长期得不到重视，自不免生不逢时、怀才不遇之感——他们并不知道"怀才如怀孕，时间长了自会显露"的道理——诗仙李白，向以豪放、旷达著称，但其诗中，太多这种"大道如青天，我独不得出"的牢骚、宣泄，甚至有"仰天大笑出门去，我辈岂是蓬蒿人"的郁闷，"安能摧眉折腰事权贵，使我不得开心颜"的愤激。但是，在牢骚、宣泄之后，在郁闷、愤激之后，他仍如东坡先生那样，"满肚皮不合时宜"。

因而，读书人在现实生活中，常显得困窘，迂阔，固执己见。人们也总是讥笑读书人为"书呆子"。不过，只要迂而不腐，呆而不酸，不像"上大人孔乙己"那样，死守着"窃书不为偷""茴香豆的'茴'字有四种写法"不放，我觉得还是蛮可爱的。

《世说新语》里，记载了这样一则故事："七七"那天，晴好的日子里，家家户户都忙着晾晒衣物被盖，富裕人家更是挂满绫罗绸缎。一个叫郝隆的穷书生，却敞衣袒腹，躺卧太阳之下。邻人一头雾水，不明就里，劝他把上年的衣物拿出来晾晒。"我正在晒啊。"郝隆悠然笑答。"你在晒什么?"邻居疑惑不解。

每次读到这里,我都禁不住浮想联翩:要是郝隆不说,邻居怕永远也弄不明白——郝隆横拍着肚腹说:"我正在晒我肚子里的书啊。"一副神秘而自豪的样子。言下之意:自己盖世经纶,可惜怀才不遇,除满腹诗书以外,别无长物,只好在这晴和的日子里,晒它一晒。

我喜欢这个故事的程度,不亚于"腹有诗书"之句。因为它语带双关,声东击西——只可惜,这样的人,这样的事,在今天这个"高大上"的时代,已经越来越少了。

2005年10月18日

书生意气

写《腹有诗书》时，这个词就自然而然地跳将出来，让我心中一颤。

这似乎不是一个好词，从来就不是。但凡提起"书生"，人多想到天真、古板、执拗、穷酸、不谙世事、脱离实际等词语，或者是戏台上懦弱无用的孱弱身影，或者是鲁迅笔下潦倒的"迂夫子"，如孔乙己之类。倘某人见解过于老套、迂执，或理想主义化，总有人说："你太书生气了！"或"你太书生意气了！"说话人脸上的神情，多半是嘲弄和鄙夷，直让人想起"秀才造反，三年不成"的说道。

在某本谈"士"的书里，余英时先生认为，中国古代的"书生"，兼具古希腊的理性精神，基督徒的宗教情操，近代知识分子的良心——仿佛迹近神圣。但书生不是神仙，也非圣人，和普通人一样肉眼凡胎，一样食人间烟火。与普通人不同的是，书生沾了个"书"字，多半有些迂阔，甚至"二傻"，倘沾得再多些，几乎就是"书呆子"，满脸天真，浑身毛病，常闹些令人啼笑皆非的笑话。清人黄仲则有诗《杂感》："十有九人堪白眼，百无一用是书生。"既是自己一生贫病愁苦的哀叹，也是天下书生时乖命蹇窘境的写真。

"意"，本指"心声"，"气"本指"呼吸"。古人所谓"意气"，接近现代心理学的"情绪"，本无所谓好坏，但是，因着使用的情态和语境，又分明呈现出一定的褒贬。比如说，"意气风发"就好，"意气用事"则不好。就像"书卷气"好，"书生气"就不好。字典里说，"意气用事"是指缺乏理智，只凭一时的想法和情绪办事——这样"办事"，容易偏激、极端、不计后果，当然不好。但是很难看出，这样的做派和书生有什么必然联系。

和书生联系紧密的，应该是"知书识礼"——这既是书生的荣耀所系，也是书生的尴尬所在：知书识礼，既让他们能够明辨是非，又让他们容易固执己见。真正的书生，都有独立人格、自由精神，有自给自足的内心世界。心有所信，便有所定，他们往往认真甚至较真，不赶时髦，不随流俗，不知变通，不善阿附。但世事无常，习俗和庸众，总欲剪灭异己而后快，所以，书生往往为人所厌，为世所弃。

孔子便是明显的例子。在那个礼崩乐坏的时代，征战杀伐的乱世，他却始终坚持仁政，试图恢复周礼，迂阔得实在可以。周游列国的14年中，他不是被追杀，就是被驱逐，"惶惶然如丧家之犬"。但他并不气馁，仍是"知其不可为而为之"。"祖师"如此，难怪后世书生要见贤思齐，以拯救天下苍生黎民为己任，几乎成了读书人共有的脾性。那样慷慨悲壮，大义凛然，正如孟子所谓"虽千万人，吾往矣"。

这一切，看上去很美，但结局往往不妙——要么像"祖师"那样僵卧孤村，落拓终老，要么更悲惨，直落得小命难保，甚至身首异处。魏晋"竹林七贤"中的嵇康，便因其孤傲清高、恃才傲物的"书生意气"，得罪权臣钟会，最后招来杀身之祸，死时不足40岁。而他临刑前傲然挥手，弹奏《广陵散》后欣然就戮的做派，更是将"书生意气"演绎到了极致。

望文生义地理解，书生，其实就是"因书而生"，甚至"为书而生"。他们的行住坐卧，离不开书，他们的吃喝拉撒，也离不开书。饱也读书，饿也读书，他们以书明志，以书安神，也以书养气，养"意气"——此意气，在孟子看来，是"浩然之气"，具体说，就是"富贵不能淫，贫贱不能移，威武不能屈"的天地浩气，正大至刚、至仁至勇的人间正气。既然这样的"意气"来自书里，书，以及书中的东西，在他们那里，就是天，就是地，甚至就是身家性命，一旦遇到玷辱、侵害或扭曲，他们往往会以命相拼。

最典型的，莫过于明朝的方孝孺。作为建文帝的臣属，朱棣靖难之时，方孝孺怎样愤慨或反抗，都很正常。即使朱棣兵临城下，他请建文帝"守京城以待援兵，即事不济，当死社稷"，虽则是迂腐的馊主意，也还可以理解。但是，当朱棣让他起草登基诏书，他先是"悲恸声彻殿陛"，然后写下"燕贼篡位"便投笔于地，且哭且骂："死即死耳，诏不可草。"尤其是当朱棣怒问："汝不顾九族乎？"他竟奋然作答："便十族奈我何！"

这倒真是十足的"意气用事"了——历史上亘古未有的株连惨案因此发生：他的亲人、朋友、学生均受牵连，据说，共有873人被凌迟处死，入狱及充军、流放者达数千人。朱棣恨方孝孺嘴硬，着人将他嘴角割开，撕至耳根，又当着他的面，将800多人依次杀戮，最后才将他凌迟处死——这样的惨烈，虽有愚忠、固执成分在，但后人对他多有推崇：汤显祖称之为"天地正气"；黄宗羲夸他是"有明诸儒之首"；胡适说他是"为殉道之了不起的人物"；连鲁迅先生，也从他身上看出了"台州式的硬气"。

姚广孝是朱棣的谋士，他深知方孝孺绝不会投降，所以在兵临南京城下时，曾劝说朱棣"幸勿杀之"："杀孝孺，天下读书种子绝矣。"但方孝孺死后，读书种子并未绝灭。因为世间还有书在，还有读书人的意气在——明清两代接连发生的"文字狱"，一方面说明统治者对"读书种子"的恐惧和不安，另一方面，也说明"读书种子"的生命力旺盛、强烈，其绵绵不绝之势，一如白居易所说的"野火烧不尽，春风吹又生"。

其实，这样的先例，早就有。秦始皇焚书坑儒，并未隔绝先秦文化的延续，就像他的"销兵为金"，未能真正挡住天下人的奋起反抗。细想来，文明是人的创造，其传承也自然在人。人不绝，文明便不绝，人不绝，"读书种子"便不绝。所以我们总能看到，"书生意气"在天地间的沛然存在——存在即是合理，他们一直存在，至少说明，这世界需要这样的存在。

细想来，所谓的"书生意气"，其实就是读书人的真性情。杜诗有云："由来意气合，直取性情真。"而汉语里的"性情相近"，也叫"意气相投"。人要活得有意义、有意思、有意味，就离不开有情有义的"意气"——"书生意气"，正是书生赖以生存的生命之水和氧。"书生意气"，也正是读书人那种深潜而坚定的精神状态的含蕴。

只是，在物欲泛滥的今天，人的生命日趋物化，人的生活也愈渐粗鄙。没多少人能够真正静心读书，安然写字，没多少人能够真正高贵雅致，卓然率性。触目所及，很难见到能够"指点江山，激扬文字"的读书人，也很难见到精神健硕、胸襟磊落的朗朗书生。陈寅恪先生所谓的"独立之精神，自由之思想"的泯灭，固然让人遗憾，却又仿佛是社会、时代发展的必然。

2006年3月3日

我的后宫，我的佳丽

首先得坦白，这是个比喻："后宫"即我的书房，"佳丽"即我的藏书。尽管任何比喻都是蹩脚的，但是这个，自被我想象出来后，一直觉得颇有意味和机趣。读书人是最能也最爱"自慰"（自我安慰）的族群，而"自慰"的前提，就是想象。

想象自己在书店行走，一定像当年的皇帝老倌儿，在秀女队伍里穿梭。书店里的书，各色各样，像待选的秀女，环肥燕瘦，极尽妍媸。百人百味，读书或选美，必会有各人各样的兴致爱好。我所看、所选的，必是自己所爱；不爱，或不对味的，再好，也难入法眼。

那挑选的过程，拿捏的程度，苛刻的取舍，恐也不亚于"选秀"：审视，抚摸，打开，翻读……甄选的指标，至少包括：血缘（作者）、身段（品相）、气质（装帧）、韵味（感觉）……弱水三千，只取一瓢饮。读书人说这话，既有专一持恒的表白，往往也有阮囊羞涩的无奈。

不知别人的景况，在我，真正爱书，几乎与性启蒙同步——高中时，情窦初开，便时常翘课，到县城图书馆"独自偷欢"。大学后，青春勃发，更是常常勒紧腰带，挤出有限的饭菜票、零花钱，亲到书店"选美"，真正"为伊消得人憔悴"。以至后来看到"只吃饭，不吃菜，省下钱来谈恋爱"的段子，不禁会心莞尔——只不过，我的恋爱对象，是书。

大学寝室狭窄，除在床下委屈着的几大纸箱外，狭窄的单人铁架床上，靠墙那边，也总是齐整整排着一长列"佳丽"。夜深人静，在室友的脚臭和鼾声里，秉烛夜读，随意翻阅，那感觉极像后来流行的歌词："东边我的美人呐，西边黄河流……"恍惚间走神，曾多次望着蚊帐顶和天花板奢想，工作了，成家了，别的都可不要，但一定要有单独的书房，能安放我所有的书册卷页。

但是，书这东西，似乎擅和富贵为敌，而专与穷愁联姻。所谓"穷不习武，富不读书"，原因或正在此。张爱玲好像说过，书即是"输"的谐音。早年时，在一所中学任教，每天到办公室，听同事讲前夜"麻战"结果，总有人戏谑自己"手臭"："孔夫子搬家——尽是书（输）！"不免悻悻想：莫非是因为书页会长霉，读书多了，人也会因此显得霉耷耷的，一副寒酸相？

工作后，一直教书，贫不可敌，那卑微的书房梦，一做多年，仍然是梦。直到前两年狠心买房，才以十年"房奴"为代价，勉强规划出书们的独立王国。那些"美人"们，也终于有了自己的"场馆别院"。积年累月的结果，居然有书三千，正如皇帝老倌儿的后宫，佳丽如云——大动干戈地搬家后，各归其位地整理完毕，再点检一番，小小的心眼里，不免有"普天之下，莫非王土，率土之滨，莫非王臣"的自豪、自得和自满。

老家人有话说：拈到碗里的都是菜。套用一下，买回家里的都是书——拈到碗里的菜，并非都能吃进肚里，买回家里的书，也不可能依次尽读。这就好比皇帝老倌儿精力再旺盛无穷，也难以将后宫众芳，一一幸览。菜，总有吃不下的，书，总有读不完的，万千佳丽，也总有"宠幸"不过来的。吾生有涯，而菜无涯，书无涯，美人更无涯，以"有涯"求"无涯"，按庄周先生的说法，是"殆已"——不知何故，前人和老师，总喜欢用"吾生也有涯，而知也无涯"这前半句话，劝学子多读书、广读书，却独独忘了后半句这"危险"的警示。不加选择地阅读和不加选择地占有，其实都是危险的。

有的书，可能先是听说不错，买来一看，又不过如此；有的书，乍一看，将就，细品读，是"看走了眼"。但是书一出店，便如"嫁出去的女儿，泼出去的水"，再好或再坏，也只有自己承忍。这便有些像自助餐：挟进碗里的菜，不可能再放回去，带回自家的书，也不可能再还回书店。又仿佛那些被选中的秀女，一入宫门，便为御用，岂有再回民间之理？读书人的贪占欲，固不如皇帝老倌儿，其心、其情、其理，却是一致的。而那些可怜（也有可爱之意）的"美人"，一旦被读书人"纳入彀中"，即便不能一一临幸，留着，收着，藏着，时不时巡视一次，检阅一番，触抚几下，或翻阅几回，也是蛮舒爽、蛮滋润的事。

白天要上班，"佳丽"们只好各自待着，在书架上，打发寂寞、暗漫的时光。下班回家，在夜色里，清灯下，做完该做的事、要做的事、爱做的事外，读书人总是要读读书的。有时出于急需，可能"按图索骥"，直奔主题；更多时候，则是无事找事，消磨时光——在书架前游移，漫不经心地打量，抽出一本，翻翻，插进去，再抽出一本……那过程，总让人想起后宫里的"翻牌"。

不过，读书人不需太监远程协助，都是自己张目"钦点"：看中了，确认了，直接拿下，握在手中，或挟在胁下，径直带进卧室，拥被上床。古人所谓"雪夜关门读禁书"，以我的猜想，当与欧阳公"三上"中的"枕上"相仿佛。而那个叫瓦尔特·本雅明的德国佬，更是直言不讳："书籍和妓女都能被带上床。"倘觉得"妓女"不雅，换作"佳丽"便是。

这样说，书架上的书，其实仍是待选，或备用；不是"贵人"，也不是"常在"，最多算是"答应"。能"被带上床"的，才是将被宠幸的。一本或两本，顶多三四本，某种意义上说，都是此时的至爱，当夜的幸运儿。

正因如此，后宫佳丽三千，"有不得见者三十六年"；架上的书，总会有为数不少的失意者，在最初的邂逅与缱绻后，除开整理书架，便很难再得到主人的亲近和爱抚——这与人的美丑无关，也与书的新旧无关。最多，与某段时间的心境、情趣和口味有关。实在说，绝大多数读书人，都不是"薄情郎"，而是"喜新不厌旧"的"多妻主义者"。或者，用时下流行的话说，叫"家里红旗不倒，家外彩旗飘飘"。

说到"家外"，其实是想说借书。"书非借不能读也"，袁枚这话能流传至今，自有道理。自己书房的，再美再好，也是自家媳妇，煮熟的鸭子，或掌心里的煎蛋，一直都在的，只要想，随时都能吃到嘴里，犯不着那么"猴急"。此其一。其二，自家"屋头的"，朝夕相处，耳鬓厮磨，总不免"审美疲劳"，以致"生理倦怠"。而借来的书，仿佛艳遇或情人，新鲜、陌生、别致，而且多半是心仪已久，或"一见倾心，再见倾城"的，更能让人有兴趣，有激情，有冲动，所以更愿意逮住机会，就亲近、温存、深入，非得先睹为快不可。

不过，艳遇也好，情人也罢，到底是借来的，是别人的，出来混，也迟早是要归还的。所以，那激情，不过是"干柴烈火"一般，燃得旺，也灭得快，多半只有短暂几天、几晚，甚或片刻的露水之欢。

鲁迅诗云：城头变幻大王旗。和平年代，"小王"都不多见，"大王"自不可能常有。每个夜晚，在读书人"床头变换"的，便是那一本本旗帜般的书——或厚或薄，或妍或媸，或丰满或单薄，或笨重或娇俏，或温馨香艳，或磅礴壮观。如"初唐四杰"之一的卢照邻所云"寂寂寥寥扬子居，岁岁年年一床书"。

而人的命运，一如书的命运；或者说，书的命运，亦如人的命运——有的，可能只是片刻欢情，一夕温存，即魂断枕侧，从此被永远打入冷宫；有的，则可能连续多次被驾临，被宠幸，废寝忘食，甚至通宵达旦，日夜欢歌，如《长恨歌》所说："春宵苦短日高起，从此君王不早朝。"

好书如美人。最好的，应该是连续被宠幸后，还能让人茶饭不思，念念不忘，或长或短一段时间后，仍能让人不断想起，渴望再次、再再次鸳梦重温，心神交会的——这样的书，绝对是有魅力的，让人看了还想看，读了还想读，要了还想要，甚至相伴终生。

就像最被挚爱的那一个，因为曾经挚爱，时空隔得再远，也能让人魂牵梦萦：只要想起，便有柔情在，便有激情起。即便最终错失，或风流云散，也还能被对方牢牢挂牵、深深系念、久久回味——这样的人，或这样的书，是幸运的，更是幸福的。她们和它们，往往会有特别的美，特别的感觉，特别的品味和价值。

令读书人难堪的是，在这个资讯发达的时代，书越来越多，好书却越来越少。就好比，街头出没的美人越来越多，但真正天生丽质的，却越来越少——多的，是"人造美女"。就像书店里，大多是注水猪肉般粗制滥造、难以卒读的伪书和盗版。

我曾说：生命的美好，很多时候就是为了更多、更美好的遇见和发现。如此，为着那些可能遇见的"好书"，或许所有读书人，都愿意像那皇帝老倌儿一样感叹，或祈望："我真的还想再活五百年……"

2008年10月27日，有修改

走失的书

读书人最爱,往往在书。对书,因此总是很在意,很珍惜,甚至很偏执。

然而,正如人生便是一段未知的旅程,书的走失、漂泊、流落,几乎是一种宿命。虽然这过程,让人感伤,甚至痛憾。但痛定思痛,这里面似乎又有些"黯然销魂"的意味。

以前一个朋友,嗜书如命,满满四壁墙,都是书,仍觉得不满。那心态就好比,女人的服装,最好的那件总在商店里挂着。又恍若,三千佳丽已然养在后宫,仍不餍足于对美色的搜求。他有一方印,叫"日无泪垂"。恋人间,是一日不见,如隔三秋,他先生倒是,一日无书,便欲垂泪。在他那阔大的书房里,最显眼的地方,还有一私家广告,是他先生的手迹,道是:书与老婆,恕不外借。

我和他关系较好,爱书,也略有积存,能做到互通有无,所以偶能借走一些。但每次,他都要约好归还日期。送我出门,望着被我挟在腋下的书们,说再见时,仿佛不是跟我,而是跟他的爱物。眼光迷离,神情黯淡,那情形,总让人想起亲人间的生离死别。

那时的我,颇不理解他那悲壮,那伤感。及至理解了,才发现为时已晚——我架上的书,迭经借出、归还的变更,有许多本,已经彻底走失。尤其自己喜欢的那些,让人每每想起,都不禁耿耿于怀。

最先是一套《格林童话》。大学时,勒紧裤腰带,节衣缩食买下的,预备给未来的孩子看。妻子教书时,推荐给喜欢的学生。没想到,这学生虽然信誓旦旦,小心翼翼,终究还是弄丢了。妻知我爱书,惶然告诉我这消息,仍让我觉得悻悻然。自己的孩子尚未读到,书却已然不存。心痛之余,只好在儿子能读时，又买一本。只可惜，那时的市面上，已经没有喜欢的那种版本。

然后，是王小波的《我的精神家园》，购买于作者生前。而购买后不久，作者即驾鹤西去，书由此显出一定意义。一朋友借去，原本说尽快归还的，可一再拖延，直到我调离原单位，仍无归还之意。也许是他忘了，也许是无意而故意，总之，那本"精神家园"，就从我的书架上消失了。尽管后来买了一本"补仓"，但当初的感觉和意义，已无法挽回。

还有周国平的《守望的距离》，东方出版中心的，一套两本。封面是绸纹纸，略带颗粒，手感舒适。内页纸微黄，版式、印刷、装帧都让人觉得挺舒服。买这书前，看他的《妞妞》，几番泪下。一个仅7个月的生命，居然被发掘得那样深厚、绵远，顿时喜欢上他的作品。然后听说《守望的距离》非常不错。那时我在偏远的小城，交通不畅，信息闭塞。仅有的一家新华书店，难有新书，自然无从购买，便托人从成都带回。翻读一遍，置之架上，觉得书架因之增色不少。

只可惜，红颜多薄命，好人寿不长。这套书与《妞妞》一起，竟然很快就从书架上走失。而它们，最终去了哪里，居然无从追忆，更无从寻觅。因为借书时，我一向羞于让人写借条，自己也因为过于大意、懒散，也过于相信人，而不愿意作借书登记。书架上，便因此有了一个永远的空，让人每每想起，便觉得怅然若失。

最心痛的走失，是张承志的《心灵史》。张承志是影响了我青春期的一个作家。从《黑骏马》《北方的河》，到《黄泥小屋》《金牧场》，再到《清洁的精神》《无援的思想》《荒芜英雄路》等，我成长的岁月，一直有他的书伴随。看他的书，极像看凡·高的画，率意，真诚，灼热。那字里行间，有血在涌，有激情在燃烧，让人极易血脉贲张。正是基于这种感觉，大学毕业论文，我即以他为研究对象，那篇《论张承志作品中的宗教意识》，为我赢得了极好的分数。遗憾的是，现在已找不到原稿。

看到《心灵史》时，就像看到他的其他书，毫不犹豫地拿下了。这是比《金牧场》更值得一读的书，称得上页页惊心。作者以陕甘青高原的宏大背景，叙写回教之一支——哲合忍耶，两百年来的悲壮历史，反叛，抗争，漫长的血路，前赴后继的"举意"和牺牲，从容就死的精神和百折不挠的毅力。一种极致的美，一种饱满的激情，一种对神圣内心的捍卫，一种与庸俗现状永不妥协的战斗。那种偏执与偏激，让人为之震撼、动容。"所谓哲合忍耶，就是一大群衣衫褴褛的刚强回民，手拉手站成一圈，死死地护住围在中心的一座坟。"这样的解说，与那些惨烈的场景，一样留在了心里。

这本书的走失，我确切记得。因为它的新主人就在我对面，一位MM。借出时，是一大堆书，还来时，唯独少了这本。问过多次，总说在找，但总是没有找到。对美女，一向不好恶意猜测，更何况，是共处一室的同事。追问多了，自己也不好意思。想再买一本"补仓"，市面上却再难找到。这本书是自己最爱的，它的走失，给我书架上和内心里留下的空白，因此无可估量的巨大。

现在才算明白，当年那位朋友的不舍。

很多时候，望着书架上的空白，都会不由自主地想起，那些书的形容、气息，在纸页间，自己留下的痕迹、勾画、圈点、批注。这一切已经不存，但书房里，似乎仍有它们的印迹。似乎仍能记得，那些夜晚，它们和自己在一起的情形，明灭的灯火，流逝的时光。站起来，张望，伸手，摩挲，排列，书本与书本之间，它们曾经在过的地方，现在空着，而自己，是多么希望它们能在某个瞬间，再次出现在眼前——这些书，这些从我身边走失的书，倒真像失散的亲人，因为已经失散，反倒让人更难忘记。也像没能结成夫妻的初恋情人，因为不能再在身边，反倒让人更加耿耿于怀。

这，或许也算走失的书们的幸运？就像如果没有那些走失的书，可能就不会有这篇短文。

转念又想，其实，作为知识和文化的载体，书的命运，也许原本就应在"被走散""被流失"的路上。一本书能被别人借阅，甚至截留，被众口传阅，比只被某一个人收藏，然后束之高阁，或许更有意义和价值。

似乎有"书乃天下公器"的说法。所谓公器，就是人人可以得而用之的东西。来到我架上的书们，虽是我节衣缩食购得，却并非将永远归我拥有。正如所谓江山，不会永远为某个当权者所拥有一样；正如明月清风，不会为任何伟大的人独占一样。河水的生命在于流动，书籍的意义，或许就该在于被阅读、被传颂吧？

甚至，也许，对书而言，那些借书而读的人，总比拥书自重者，更为亲切、可爱一些。就像我一直觉得，自己的文章能被转帖、引用，或抄袭，也是对自己的肯定一样。

这篇文字，本可就此结尾了，却突然想到，自己写的那几本小书——它们，在别人的书架上，会不会也会因着上述的原因而走失？如果某一本走失了，它的主人，会不会像我一样，对它念念不忘？

进而又想，如果把自己看成一本书，我终究也会有从这世间走失的那一天。那时，会不会有人，如我挂念着这些走失的书一样，挂念着我，挂念着我曾经的生命，或者挂念着我留下的那些文字？

2007 年 3 月 21 日

像迈考特那样教书
——我读《教书匠》

1

如果换个书名，或在另外的时间遇见，恐怕很难读它——中年后，难得有闲情读小说，尤其是长篇。西奥多·阿多诺说："在奥斯威辛之后写诗是野蛮的。"读过一篇杂文，大意说：在今天的中国，写小说是一种耻辱。愤慨中不乏偏激，偏激中又不无道理。因为我们的生活，无论情节的精彩度，还是矛盾的冲突度，都远远超出小说。看看《南方周末》和网上不断"被和谐"的深度报道，就不难明白。

但是正好在关注教育，尤其是教师教育，便捧起了它。

一个略有些郁闷的孩子，歪戴着帽子，若有所思地呆坐在楼梯口。在他身边，是一摞码得不甚整齐的书。他头顶上方，有一行粗粗的粉笔字：Teacher Man。《教书匠》——我若有所待地翻开，想看看这个爱尔兰裔美国作家笔下的教育生活。或者说，想看看弗兰克·迈考特在美国怎样教书，因为据说，这是他的自传体小说。

感觉，像在看电影。像梁家辉主演的《我的教师生涯》——30年时光，在字里行间漫流。一个人的生活历程，生命史，教育史，苦涩与甘甜，辉煌与黯淡，随着叙事展开。刚走上讲台时的紧张与糟糕，漫长过程中的探索和实践，职业成熟时的荣耀与微笑……再艰苦的岁月过去，在记忆里重现，都会有美好的微光。当迈考特以他的睿智开始回望，有欣慰，有嘲讽，有温馨的笑，有苦涩的泪，自然也不乏历尽沧桑后的诙谐、幽默、辛辣。

尽管书商广告说，这是"教师的圣经"，是"世界上最伟大的教书匠"，而迈考特自己，也确实得了"全美最佳教师"的荣誉。但他并非上帝似的天才人物，更非天生的师表典范。他当过兵，做过码头工人，经过"通往教学的漫长道路"，28岁才开始教书，是典型的"大器晚成"。他有种种弱点：自卑、懦弱、胆怯、优柔寡断，喜欢胡思乱想，自嘲自谑。他一开始就被学生叫作"教书匠"，并不得不接受学生的嘲笑。

"我连鸡蛋壳般的自信也没有。"他说，"如果自我贬低是一场竞赛，那么我就是获胜者。即使在发令枪响之前，我就已经获胜了。"他甚至终其一生，也没能改掉曾让他备受嘲笑的爱尔兰口音。

从 fear（害怕）到 freedom（自由），是迈考特对从教心路历程的形象总结。第一天进教室，他将学生掷落在地的三明治捡起并当众吃下，被学生嘲笑不说，还令路过的校长大为光火；第二天，又因出言不慎，招致众多家长投诉，面临极大的信任危机……在教学生涯的前十几年里，他就像一头"蓟丛中的驴"：一直在不同的学校代课，好几次险些失业；直到40岁，他才真正走出蓟丛，探寻到教书的意义。

"有些孩子属于动物园猴山，而不是学校。"在这样的牢骚里，我们很容易想象和感受到他曾经的焦头烂额。但他到底成功了。这个曾被戏称为"看上去活像一个被猫叼进来的东西"的"教书匠"，之所以能赢得学生发自内心的尊重，除了他富有创造性的教学手段，更重要的，或许就是他的真诚和善良——他以自己对生命的理解和尊重，以自己的成长经验和几乎是"本能"（我更喜欢理解为：本身的能力）的方式，应对危机，化解矛盾。

他对"三明治事件"的处理，或许会被视为"教学机智"，但我以为，其实是出自他的"本能"，是饱受饥饿的成长岁月的馈赠。正是这种由本能而致的"应激反应"，使他渐渐赢得了学生的认可和亲近——他把自己的角色与本色融合，一点点完成职业认同，一点点从害怕走向自由。他以自己的故事为教材，在娓娓的述说中，引导学生"唱自己的歌、跳自己的舞、讲自己的故事"，最终赢得了学生的信赖和尊重。

即使后来，他考上博士，在大学执教一年，但他的灵魂，仍渴望"在二〇五教室复活"。他重新回到中学，而且做得更好。他教的一门选修课，教室里满员不说，连窗台上也挤满了学生——他不像我们很多老师，总是挺着身子，绷着面子，端着架子，摆着谱子，在学生面前扮演全知全能、超然物外的上帝。

2

迈考特教英语。但即使在美国，这碗饭也并不好吃。生源的问题，厌学的问题，种族歧视的问题，他都遇到过。天底下的教育，或许大都如此。天底下的"教书匠"，所要面对、解决的问题，或许大多如此。

"得天下英才而教之"，这是所有教师的梦想。但教师永远不可能按自己的意愿选择学生。摊上调皮捣蛋的学生，为他们伤透脑筋，是教师无法逃脱的职业"宿命"。

迈考特所面临的麻烦与困难，比我们多得多：不同肤色的少年，永无休止的争吵，文化冲突、种族冲突、性别冲突，甚至对他这个"教书匠"不屑一顾——这是他职业生涯的大部分。从"三明治事件"开始，在30多年的岁月里，他除了与吹毛求疵的校长、教务主任，甚至教育局官员周旋进退外，最重要的就是打一场以1敌20、30、40个学生的战争，真正的"持续一生的战争"。

面对那个由29名黑人女孩和2名波多黎各男孩组成的班级，面对那一张张青春叛逆、躁动不安的面孔，迈考特也曾想过逃离和放弃。但他最终坚持下来了。他说，他可以在加斯豪斯酒吧或狮头酒吧对着啤酒哭泣，但是在教室里，他得继续工作。他孤身迎战，以"教书匠"的身份。

曾经，对"教书匠"三字，理解是贬义的。读管建刚的《不做教书匠》，在颔首赞同时，想起多年前自己写过的《不做园丁》，不禁会心微笑。跟同事交流，也曾多次提醒他们，千万不能只想着教学，千万不能成为只会教学的教书匠，因为我知道，教育是艺术，而非技术——但是现在，我更愿意相信：教育首先是一门技术，教师首先应成为娴熟的"手艺人"，优秀的"教书匠"。

世有匠人若干，木匠、铁匠、油漆匠、泥瓦匠。所谓"手艺人"，必是在其专业方面有所擅长的,像擅长解牛的庖丁,擅长音乐的师襄。不擅长而称匠的,多半是冒牌,或不合格,或笨拙不堪。而真要在某个行业里做到"匠"的程度,做到能以手艺谋生的地步,也并非易事——手艺,我更愿意理解为"手上的艺术"。看看那些艺术家:达·芬奇从画蛋开始,莫泊桑从观察、写片段开始……再伟大的艺术家,在他成为艺术家之前,都必然进行过大量枯燥、乏味的技术性操练。

教书,也是如此。通过传授知识,进而影响和改变学生,这是方式,也是过程。而"教书匠",就是执行和掌控这个过程的人。作为一门职业,教师必然涉及许多技术性的活儿,比如备课、板书、提问、复习、诊断、三笔字、简笔画、组织教学,即我们所谓的"职业技能"。这些技能,必要反复操练、熟中生巧,然后才能举重若轻、驾轻就熟,进入"恢恢乎其于游刃而必有余地"的化境。

"我通过反复试验才弄懂教书之道,并为此付出了代价。"迈考特说。

3

在自序里,迈考特以"宽恕"的方式,批评了很多人。但是,他特别提到一位给他很大启发的英语老师:史密斯小姐。"我永远都不会忘记可爱的老史密斯小姐。她过去常说,如果她在四十年教学生涯中能影响一个孩子,那就不枉此生,她就能开心地离开人世。"通过自己的教育影响学生,这就是教师的价值。

事实上,所有获得成功的教师,无论他们的经验、方法怎样大相径庭,他们往往都会将自己与所教的知识融合,然后以亲近自己内心的方式,去切近学生、引导学生,进而影响和改变学生。"师生是人类古老的共舞舞伴。"在《教学勇气》里,帕克·帕尔默如此诗意地描述师生关系。马克斯·范梅南在《教学机智》中则说:"教师不仅仅是向学生传授知识,他实际上以一种个人的方式体现了他所教授的知识。从某种意义上说,教师就是他所教授的知识。"

迈考特在小说临近结尾时,说过一段很有意思的话:

教室是优秀剧本的演出场地。上百个人来了又去，你永远不会知道你对他们做了什么或者为什么这么做。你看到他们离开教室：幻想，没精打采，嘲笑，羡慕，微笑，困惑。你可以判定你什么时候影响了他们或者疏远了他们。那是化学，那是心理学，那是动物的本能。你了解孩子们。只要你想当老师，就无路可逃。不要期待已经逃离教室的人——那些头头们的帮助。他们忙于吃午饭，忙于想更重要的事。

正因如此，他用他的激情、智慧和机智，创造着他的课堂。他以自己的亲身经历为师，有些教学策略甚至无师自通。他所创生的某些方法和韬略，是任何一所师范学校都未曾教授过的，是任何一本教育理论书里都找不到的：某一天，他领着那群漂亮的情愫萌发的女孩子，乘地铁穿过半个城市，去看她们的偶像电影；某一天，他要他的学生们研究请假条的艺术，并专门练习写请假条；某一天，他的语法课突然成了"菜谱朗诵会"，缤纷的菜谱，各式的乐器，让孩子们热闹而开心——"创造性写作课"，他没有玷辱这门课程。

他鼓励教师勇敢面对各种各样的学生，带着正气、带着吸引力、带着观察力和丰富的想象力走进教室。因为他正是那样做的，而且获得了成功。他说："我找到了自己的声音和教学风格。我学会在教室里心平气和。我得以形成自己的课堂氛围，在没有行政干涉的情况下做任何我喜欢做的事情。"

他似乎明白：人与人之间，最坚强也最脆弱的堡垒就是心灵，最好的教学方法，也应当源自心灵、指向心灵、切近心灵。

而学生对教师的感念，正是这种心灵被激活之后的反应。就像《死亡诗社》里，被迫离职的基廷老师临走时，学生们站在桌子上高喊"船长，我的船长"一样，在《教书匠》里，那个曾经在班上和迈考特公开顶嘴的黑人女孩塞丽娜，在离开学校后，曾专门托同学转告他——她将选择教书作为自己的职业。

迈考特说，这是"美好时刻"——这也让我再次确信，我们的所有付出，都是值得的，因为变化正在发生，美好正在出现。就像那个韩裔少年肯，那个对父亲一直仇恨的肯，因为迈考特的影响，在他高中毕业进入大学后，开始回想父亲。而在圣诞节前，他专程来看望迈考特，他说，要给父亲买一条领带，作为圣诞礼物。

钱理群先生说："中小学教师工作的意义和价值，就在于成为学生童年和青少年记忆中美好而神圣的瞬间。"我们的意义和价值，或许只是学生记忆中的一个瞬间，美好、神圣，但是短暂、倏忽。所以，让我们"继续做梦吧"，并且像迈考特那样，充满激情地教书，尽管我们"将不会受人歌颂"。

2009年8月

带着本雅明上床

"书籍和妓女都能被带上床。"说这话的,是瓦尔特·本雅明。

在书店里,看到他的《单行道》,翻阅、把玩了好一阵,虽觉得有兴味,却并未入目,更没有"立即拿下"的冲动。但,看到封底摘录的这句话(其后还有:书籍和妓女都喜欢在展示的时候转过身去。书籍和妓女都有无数的后代。书籍和妓女都当众争吵……),立即有了兴趣。

倒并非我好色,看到妓女字样就兴奋。而是觉得,书籍和妓女,在一般人眼里,是"风马牛不相及"的事,他老兄却硬拉在一起,而且剖理、抒发出了"独到的体味"。这样的人,应该算得聪慧,这样的书,想必也定有机趣。

常在书店出没,书翻看过不少,但可读的不多,有趣的不多,可读而有趣的,更少。卢照邻所谓"寂寂寥寥扬子居,年年岁岁一床书",不过是理想状态,或者不加选择。这倒有些像本雅明所说的妓女——自古及今,为妓者不知其几多辈数,但真正才貌双绝、聪颖可人的,不多。所以我们知道的,也只有柳如是、李师师一干人等。凤毛麟角,屈指可数。

书拿回去,刚好要出趟公差,就顺手放进包里。在外几天,就夜夜带着本雅明上床了。

颇堪玩味的,是书名。"人生只是一条单行道。"本雅明说。这显然是个譬喻。所谓单行,即不可逆转。一旦抉择,就不能更易。美国桂冠诗人弗罗斯特有首诗说,森林中有两条路,他只能选择其中一条——选择一条,即意味着放弃其他。哪怕再有更多选择,更多更美的风景。这是说选择之难。另一方面,置身单向的时间之流,人生也好,命运也罢,都是单行道,一旦踏入，便难以回头。用西方哲人的说法："人不能两次踏进同一条河流。"用中国的古话说，就是"一失足成千古恨，再回头时百年身"。

本雅明却执意要做"逆行者"。这位"20世纪罕见的天才"，最先研究哲学，获得了波恩大学博士学位。但他申请教授资格的论文《德意志悲剧的诞生》，却因一反传统的概念思维，被他自己在学院正式裁决前收回。因为他已预感到，学院的裁决不会有好结果。

现在看来，这极像一个仪式，一种强烈怀疑和主动反叛的宣告。他不愿被学院规范，于是逆学院派而行，终其一生，都用一种"反智"的方式，重新言说世界，解放世界。

西方的学术传统，以逻辑和概念构建思维。对这一传统，本雅明持怀疑和拒绝态度。"笃信是不具有创生力的。"他说。创生力不会来自笃信，而只在笃信的反面蕴育滋长。不认同，不合作，他的"逆行"因此而显得毅然决然，如易水边的荆轲。风吹云动，人流嚣嚣，众皆顺流，唯他逆行。因而，在这条自己认定、选择的"单行道"上，他的穿越、行止、呼吸、思考，都是孤独的，不合群更不合时宜的。

但他毫不妥协。他曾"在"过不少城市，如柏林、法兰克福、巴黎、马赛、佛罗伦萨、那不勒斯、莫斯科，但他只是短暂地"在"着，始终找不到可以停息的据点。他是浪子，精神和灵魂的浪子，永远没有家园，或者说，家园永远在别处。人流中的逆行者，灵魂中的单行道。当他掠过所有迎面而来的表情，他的脸上，一定写满悲怆与狷介，他的心里，一定塞满漂泊的哀愁。

这本书的最大特点，在我看来，是暧昧。而暧昧，正是本雅明的特征之一。尽管他的逆行姿势，是那样清晰、结实。他的身份、职业、主题、著述、信仰、空间，他的只言片语，都不确定，难以分类。没有家园，自然没有归宿，在历史和传统的谱系上，他是个野孩子，没有来路，也没有传承，更没有同类和归属。他以一种既激情又调侃的方式，把自己放置在交叉路口，他的心情，驳杂而迷离。

正如理查德·卡尼所说："他既是诗人神学家，又是历史唯物主义者，既是形而上学的语言学家，又是献身政治的游荡者……在纳粹德国，他是一个犹太人；在莫斯科，他是一个神秘主义者；在欢乐的巴黎，他是一个冷静的德国人……作为一个文人，学术界不承认他是他们中的一员。他所写的一切最终成为一种独特的东西。"

他是独特的，个性怪异。他喜爱旧玩具、邮票、明信片和仿真缩微景观。他也藏书，但不只是为了阅读，更为了在其中"游荡"。游荡，这正是野孩子惯有的行径。书，对他来说，是历史的沉积，或者说物化，是岁月无垠的旷野，可供他任意漂泊，止息——尤为重要的是，书使时间变得可以触摸，可听命于他的意念流动或停止；书使世界变得可以把玩，可随心所欲地延展或收缩。岁月和世界，因此成为他的回忆、念想、感觉，并变得更有意义。

这种暧昧和独特，体现在书中，是一种碎片式的写作。摒弃概念解说和逻辑思维，这使本雅明的许多作品显得破碎、零星，不够完整，使他的语言闪烁、游移，不够确定。而正是这种不完整、不确定，使他的文章获得了意义上的延伸和丰富。

本雅明分析普鲁斯特时，用过"碎片"一词，这也可以描述他自己。他对空间有种特殊的敏感，但他关注的，并非宏大、壮伟，而是微小、琐碎。正如译者所述："它展现的不是理论，也不是阐释，而是赤裸裸的意义关联的本身，正是这些未作梳理而活生生的东西释解着不惑的心灵。"

早餐室。标准时钟。手套。玩具。办公设备。墨西哥使馆。火警报警器。综合诊所。供出租用的墙面。"奥吉雅斯"自助餐馆。建筑工地。钟表和珠宝。弧光灯。凉廊。失物招领处。教学用具。武器与弹药。时髦服饰用品。精心装饰的十居室豪宅。为谨小慎微的女士服务的男理发师。宣过誓就职的书籍审校者。最多只能停三辆车的出租车候客处。阵亡战士纪念碑。医生家夜间急诊用的门铃。阿里娅娜夫人住在左边的第二个庭院。供人脱下面具的更衣室。站着喝酒的啤酒馆……

上列这些，都是书中的标题。这些物事，纷乱，隐秘，沉默。这些断片，日常，生活化，极易被我们忽略，却又透射出那个时代生活的变化，巨大，深刻。而他对这些物事的观照和处理，不是从传统的概念入手，而是转向事实。他以独特的眼光，将对现实的思考，与具体事件结合，与有意义的细节、身边琐事、思想和世界中的新鲜因素、非常规的个别事物结合，从而使个人的经历得到哲理化的提炼。他的朋友布洛赫说："他对这类细节，这类有意义的琐碎符号有一种无与伦比的微观语言感觉。"

因此，可以说这是一部意象之书，驳杂，纷乱，细腻，睿智。就如西奥多·阿多诺在后记中所说：所有篇章都是一些"即兴蹦出的谜底图像"，它们以隐喻的方式，道出无以言说之物，散文的，格言的，片段的，笔记的，杂感的，哲理的。本雅明所特有的狡黠、智慧与"偷懒"，加上类似电影蒙太奇的尝试，使我们在阅读中，不断生出困惑与诱惑。这些文字、感觉，恰如一阵阵烟花，在思维的夜空一闪而过，但见其绚烂。瞬间的明亮之后，却又难以捉摸。

能够将这些不易觉察的生活的隐秘，缀连得如此引人入胜，能让看似未经梳理的东西，展示出如此结实的意义关联，进而直击我们的心灵，这是本雅明的迷人之处。而他作品的那种不完整，让人不禁想起他的同族，那位一样敏感、脆弱的犹太人卡夫卡。

卡夫卡的几部长篇小说，都没有结尾，给人一种"未完成"之感。本雅明似乎也深谙此道。他曾说过：对伟大的作家而言，已完成的作品的分量，要轻于他们毕生写作的短简残篇。因为只有性格软弱和精神散漫的人，才能从完整中获得无与伦比的快感，感觉到他们因此而重获生命。因此他的文字，格外干脆，甚至生硬。语录式，箴言式，片段式，他只是直接道出，没有预设和铺陈，也不作解释或说明，更不待证实或阐述。有时甚至给人平地起雷、空穴来风、无中生有之感。

比谜样文字更难琢磨的，是本雅明的本意。

如此一本彻底反叛传统思维模式、蕴含了无数梦幻踪迹的"意象之书"，很容易被视为"非理性"。但作者的意图恰恰相反。他殚精竭虑，反复推敲，挖掘着日常事物的潜在意义，只是他把主题隐藏在文字和意识的最底层。正如他所说："一场宴请之后留在餐桌上的盘子能使人一眼看出宴请时的情形。"而我这个后来的阅读者,隔着近百年时光,也只能通过这些跳动的字句,去揣摸、悬想作者布下这道盛筵时的情形。

"社会如此刻板地挂靠在它曾经熟悉而现在早已失落了的生活上,以至人甚至在最可怕的险境中都无法真正运用理智和远见。"这或许是书中最伤感的一句话——本雅明想做的,不过是从梦幻中听出使人警醒的声音。

在开篇的《早餐室》里,借民间忌讳早晨说梦的习俗,本雅明发出感叹:"人通过叙说出卖了这个世界,用更现代的话说,他出卖了自己。"写作《单行道》的他,似乎正有一种"不说"的意味。他目光犀利,思维敏捷,但他的言辞,闪烁,游移,藏匿。而死亡,才是最大也最彻底的藏匿,他自己也竟然真的在本书出版12年后的1940年自杀。

生命向来都是单行道,他选择了从这边走,便再没有返程。就此而言,本雅明的"单行道",是一个孤独者在喧哗人流中逆行、穿越时灵魂深处的单行道——恰如他熟悉的波德莱尔,走在清晨的巴黎街头,发现匆忙人流中,自己是唯一的逆行者。

关于书籍和妓女,在那篇题为《13号》的文章里,还有一则:"书籍和妓女都有自己的男人,这些男人以她们为主,同时也骚扰她们;就书籍而言,这样的男人是批评家。"

一个不曾骚扰过妓女的男人,连续几个夜晚带着这本书上床。然后,又以这样粗浅的文字再次骚扰,对本雅明似乎不恭。但好在,我并非"批评家",而只是一个愚钝而诚恳的读者。我的言词里,决没有丝毫轻慢或亵渎。

因为对作者,对这些文字,在惊悸和震颤之余,我的心中,满是喜爱、敬意和怜惜。

2006年6月16日

亲切地款待

与家人闲聊，说到现在人情淡漠，联系方式越来越多，真正的联系却越来越少。便是亲戚朋友间，也疏于走动，不禁想起早年间的经历。

那是在乡下老家。每到逢年过节，或父母生日，就会有或远或近的亲戚，提着或丰或俭的"礼信"，从乡村土路上迤逦而来。父母早早迎上前去，拉扯着手，谦让着礼，亲热地聊着家长里短。末了，便取下灶边悬着的腊肉，煮了或炒了，或者捉一只鸡，现杀了，或烧或炖，再去菜园里，寻些新鲜时蔬，拼凑出几个菜来，热情款待一番。

有时他们久不来，父母也会拾掇些"礼信"，牵着我们的手去。当然，我们也会得到盛情的款待——那是困难年代，但那种款待的热情和慷慨，至今仍让人感觉温暖。那时，交通和通讯都不发达，维系和联络着亲戚情感的，除或浓或淡的血缘外，或许就与那一次次亲切的款待有关：真诚，友好，温情，融洽。

美国教育学者帕克·帕尔默说："好的教学是对学生的一种亲切款待，而亲切的款待经常是主人比客人受益更多的行为。"在《教学勇气》里读到这句话，深有感触。

学生来到我们这里，极像那些"走人户"的亲戚，无论亲疏、尊卑，都理应得到最好的款待：嘘寒问暖，说长道短；倾尽最好的积蓄，奉献全部的真情——热情地接待，友好地交流，尽可能周全地了解他们的情况，明白他们的需要；让他们敞开心扉，充分表达自己的见解、情感、困惑，甚至偏见和谬误。

只有这样，真正的教育，才可能发生——真正的教育，必是建立于彼此的理解、信任、尊重基础上的，必是伴随着关爱、温情、润泽之类意味的；就像真正美好的课堂，必是开放活跃、自由敞亮的，必是能够让师生彼此感到身心愉悦的。

当我们倾其所有地"款待"学生时，教育所特有的相互成全，也才会真正发生。如帕尔默所说："一个人昨天提供给陌生人的食物与住所，就是他希望明天从陌生人那里得到的。教学也是如此：教师对学生的亲切款待会产生一个更亲切地款待教师的世界。"

当学生愿意向我们敞开心扉，愿意接受我们的影响，愿意跟随我们的引领，愿意与我们进行心灵的交流和对话，这便是我们得到的最好款待——人与人之间，再没有比彼此信任、彼此尊重、彼此需要更美好的事了。身为教师，这样的被信任、被尊重、被需要感，也正是学生对我们的最好回馈，是生命与生命之间美好的投影和应和。

只有在这样的美好氛围里，我们才会有真正的"教学勇气"源源不断地产生，我们和学生，才会有"无止境的相遇"，才会有共同朝向"伟大事物"的可能。

2013年5月6日

阅读：通往"心世界"

在恐惧与焦虑的绕缠中

借用张文质的说法，我们都是"深焦一代"。为温饱奔走，或为成功费神，为职业的压力，或为自我的期许，对已逝的留恋，或对现实的惶恐，甚至对未来的担忧，那种"茫然感、无助感、紧张感"，甚至"恐惧感"，弥漫着我们的生活，纠缠着我们的心魂——我们，每个人。当然，也包括教师。

"教书的我们会承认许多的恐惧：我们的工作不受赏识，没有足够的报酬，在一个不错的早上突然发现我们选择了错误的职业，把我们的生命都耗费在琐事上，到最后感觉自己像骗子。"帕克·帕尔默在《教学勇气》里如是说。而我们的现实生活，更是被"怕"笼罩：怕领导，怕家长，怕学生，怕考试，怕出事，怕投诉，怕改革，怕竞争，怕淘汰，怕得不到尊重，怕不能适应新的方式……

而这一切，还都是在外在的。最重要的问题，是教师内在的心灵——教师的职责，在"传道、授业、解惑"。传授知识，或者传承以知识为载体的文明，是教师的天职。但是，很多时候，我们忘记了更为重要的东西：教师自己的成长。灵性、品格、智慧、修为……这些，早在知识之前，远在知识之上。

"教学就是无止境的相遇。"而正是在这"相遇"中，最容易引发我们的惆怅：一批批学生来了，又走了，我们却还在原地守望。变了吗？没变。没变吗？变了——老了，憔悴了，沧桑了，疲倦了，怠惰了。梦想破灭，激情不再。我们甚至怀疑自己的教学能力，丧失乃至放弃对教学的理想和信心。

恐惧和焦虑，在物质时代，在急速变动的时代，每个人都深有体会的"能指"。

有什么可以抚慰我们的身心，安妥我们的灵魂？帕尔默说："面对学生的恐惧，我还想教好书的话，我需要毫不含糊地看清他们心中的恐惧。"——我们如何战胜这些恐惧呢？或者，我们如何成为我自己？

外面没有别人，只有你自己

"我们从哪里来？我们是谁？我们要向何处去？"据说，这是高更在塔希提岛发出的疑问。其实，这三个问题，一直袭扰着整个人类。从"认识你自己"，到司芬克斯之谜，被这疑问催逼，人类如被鞭抽着的陀螺，一刻也不得停息。

张德芬的《遇见未知的自己》，也试图要解说这个问题。这是一本小说，却更像斯宾塞·约翰逊的寓言：《谁动了我的奶酪》。作者以都市白领若菱为主角，经由我们每天都可能遭遇的种种事件，通过她与智者的数度交谈，渐渐寻回自我。

在张德芬看来，自我的丧失，是悲剧的开始。

"我们人所有受苦的根源就是来自不清楚自己是谁，而盲目地去攀附、追求那些不能代表我们的东西。"她不断地追问：我们追求的到底是什么？什么是世界上所有人都想要的东西？究竟是什么东西阻碍了我们看见真正的自己？

从追问和反省出发，她终于发现："身体就这样让我们与真我分开……这就是为什么我们每个人天生就有很多无名的恐惧。""存在性焦虑成了我们每日生活的背景音乐，不停播放。"张德芬说："身体的障碍没有办法去除，我们所能做的，就是拿觉知之光去照亮它们。"

她在书中所探讨的，努力解除"身体的障碍"——瑜伽，呼吸，健走，祷告，转念，接纳，从身体的连结、情绪的臣服开始，到思想的定静和检视,再到身份的认同和觉察……而最终,便是冲破自身和外界的阻碍,向内,向着本体,在剔除"负面情绪"后,"感受到来自真我的特质:爱、喜悦、和平"。

阅读的过程,正如心灵的旅行。穿越重重的心事暗纱,旅途的终点,就是自己,那个出发时我们感觉未知,到达时略有所知的"自己"。遇见自己,成为自己,因为"外面没有别人,只有你自己"。

"不要浪费能量在那些外在的、不可改变的、不可抗拒的东西上。先在内在层面做一个调和整理,然后再集中精力去应付外在可以改变的部分。"——改变的力量,就在我们手中,或者说,在我们"此在"的心中。

悟解当下的力量

艾克哈特·托利也曾长期处在"持续性焦虑"中。

29岁生日后的某个夜里,他在极度恐惧中惊醒,一种熟悉的痛苦到可怕的感觉,再次袭击了他——他想到死,脑海里不断浮现一句话:"我无法再忍受我自己了。"但他很快意识到这句话的奇怪和可疑:"我"是谁?"我自己"又是谁?这句话的逻辑显示,有两个"我"同时存在,但显然,只有一个是真实的——这想法令他惊呆。他的大脑完全停止了,意识还在,思维却不存在了……最后,他开悟了。

经过多年的解释、整合、反省和梳理,他写成了《当下的力量》。他从一个故事出发:乞丐坐在装满金子的箱子上,不断乞讨的故事。

那些没有找到真正财富——存在的欢乐以及与它紧密联系在一起的深深的不可动摇的宁静——的人就是故事中的那个乞丐,即便已经拥有很多财富,但他们依然在四处找寻。他们不知道,自己不仅已经拥有了所有这些,还拥有了更为珍贵的东西,那就是——当下的力量。

托利以简洁明了的语言,告诉我们:远离了真实的自我,是我们受苦的元凶;但我们可以"挣脱心智的牢笼",进入内心的平和与宁静:"当我们的自我认知能够容纳世间万物时，内心会找到一种与世界共舞的宁静。"

在这里，"开悟"是关键。就像冯友兰提出的"觉解"。其实，很多时候，我们对生活和自己，都缺乏"开悟"。用托利的说法，就是"简单的与存在合一的自然状态"。或者如佛陀所说的"受苦的终结"——"当没有受苦存在时，还剩下什么呢？"托利如此设问。然后，抽丝剥茧般为我们剖析、梳理、归结："你不等于你的大脑""别在当下制造更多的痛苦""任何事物都不能存在于当下时刻之外""无论身处何地，全然地处于当下""美好源自于你临在的定静之中""找出你无形的和不可摧毁的本质"……

这是为着启悟和救赎的书。而阅读的过程，就是发现之旅，它引领着我们从"小我"向"大我"走近，从对时间的永恒焦虑，走向此时此刻的"当下"：所有的一切都是在当下发生的，因此，我们应当活在当下，活在每一刻中，有觉察力地安住于当下："通过向当下的臣服，我们才能找到真正的力量，找到获得平和与宁静的入口。"

昆德拉说"生活在别处"，重在思考；托利说"生活在当下"，重在作为。生命就是此刻，你的生命从来不会不在此刻的，未来也不会。"当下这一刻才是你所有的。""当下之外一无所有。"托利言之凿凿。

而此刻，或者说"当下"，正是悟解的关键。

在心想与事成之间

心想，事成，这是再好不过的组合，也是被我们用得几乎滥俗的词语。但并非所有心想，都能事成。当激情消退，理想受挫，被无力感包围时，是放弃和沉寂，还是继续微笑，感恩，承担，执着，为自己的人生努力？

张德芬认为，心想事不成甚至事与愿违的原因，在于两大障碍：一是"我们忽视了心灵的力量，也忽视了这个有形世界其实是受无形世界操控的"，二是"我们不但没有养成培育自己内在世界的习惯，而且还充塞了很多错误的信念在我们的潜意识中"。但是她坚信："你绝对可以掌握自己的命运，并且创造你想要的外在环境。"在《遇见心想事成的自己》一书中，她如是说。

通过不断地提问、指引和探索，她给出了许多方法："定静""把意念幻化成物质""以无形影响有形""觉察自己的感受""为别人的成就开心""实现自己的承诺""等待接受，学习放下"，等等。看起来，都很简单，但在实践里，都很实在，很管用。

这是又一张通往美好人生的心灵地图。依然是小说，依然像寓言。尽管背景是一个不存在的时代和王国，但主人公阿南的追寻之旅，如佛陀一般追寻证悟和解脱，代表着现代人在心路上求索的普遍经历。张德芬说："你不可能经由一个没有喜悦的旅程，而达到一个喜悦的终点。"

终点是什么？就是心想事成。怎样到达？心灵修炼。全书最后附有"心想事成三十天实践计划"。她确凿地告诉我们：清除层层的内在阻碍后，心所向往的东西，会毫不费力地来到我们的生命中。

"从你开始运用的那一天起，你的生命就变得非常不一样了，好到连过去的你都非常羡慕现在的、幸福的你，好到不想跟任何人交换你的人生。"这是一个读者的说法。喜欢这样的说法，诗意而温情。

勇气和底气，成为自己

再次回到我们的命业：教育——教育的实质是什么？帕尔默认为：教育是引导学生迈向理解和生存于世界的更真实途径的精神之旅。或者说，教育就是心与心的碰撞、影响和感染。而教学的真谛，我愿意看成是教师在与学生的互动中体验教育的快乐。

读《教学勇气》时，我首先想到的，其实是"底气"。也许，有些人生来就有非比寻常的勇气，能为自己创造奇迹；有些人则会因为一点小小的挫折，而缺乏自信，焦虑，恐惧——根本原因，不是没有勇气，而是缺乏底气。底气的缺乏，甚至会让我们逐渐丧失心灵的力量：灰心，泄气，倦怠，冷漠，麻木。

为点燃教师对教育的热情，帕默尔带领我们，进行了一次探索教学本质的心灵之旅。"这本书建立在一个简单的前提之上：良好的教学不在于教学技巧的纯熟，真正好的教学源于教师正直、诚实的优秀品质。"帕尔默说。

教师的内在心灵，这既是教学的勇气，也是教育的底气。作为学生的心灵导师，教师既需要教育的热情、执着，更需要时常倾听内心深处的声音，积极感应学生内心深处的声音，不断提升和调整自身的状态，才能鼓起教学勇气，把心灵献给学生。

"任何真正可信的教学要求最终是来自教师内心的呼唤。"帕尔默说。

他所提出的对策中，最重要的一点，是"自身认同和自身完整"——对于教师来说，自身认同就是要发自内心地喜欢教师职业，自身完整则是要感受到从事教育工作是完整的、充实而幸福的。自身认同与自身完整是优秀教师所必需的。教师要"完全沉浸在课堂上，和学生做深层次的交流"，就必须走向内心世界，呼唤自身认同和自身完整。帕尔默认为，一个"成为自己"的老师才是最美的，我们应该永远记住"我是谁"。

帕尔默在书中也提出了一些特别的方法：独处静思，沉思默读，野外散步，坚持读报刊，找一个可以倾诉的朋友，尽可能多地学些"自言自语"的方式，在自己的心灵找到一种自我"权威、威信"。一句话："我们要教导自己认识自我。"

通向新世界，或"心世界"

呈现的顺序并非阅读的顺序，而是梳理后的顺序，或者，我想表达的顺序——如何突破"沉重的痛苦之身"，通过"破茧而出，重获自由"？

在《新世界：灵性的觉醒》中，托利用了"觉醒"一词，来指引我们的认识。他以亲身经历，描绘了"小我"的多重面貌，描绘了"痛苦之身"如何控制我们，而我们又如何能够借助于"临在"之光，也就是意识的觉醒，破茧而出，重获自由。

作者的基本观点是：对虚幻自我以及外在形象世界的认同，再加上小我"总是需要更多"的本质，形成了人类痛苦的根源，造成人际关系的冲突，也是人类面临的最大危机。而作者的根本意图，在于引领我们放下"小我"的执念，或者说放下心中有关"自己"的幻相。这是一切痛苦的根源。很多人生中的负面情绪，责怪、埋怨、讥讽、怨恨、挑毛病、过度反应，其实都是这个"小我"自找的。当然，也包括：需索，受挫的需索（愤怒、怨恨、责怪、抱怨）以及漠不关心。

在托利那里，打败"小我"的途径非常简单——你只需识破它、看穿它，就可以获得"当下的力量"，获取极高的智慧。这就需要觉知：找出本来面目，发现内在的空间和目的——托利认为，觉知就是临在："当你瞥见了觉知或是临在，马上就会知道的……向着这个正在萌生的意识打开你自己，把它的光带进这个世界，并让它成为生命中最重要的目的。"

对于生命的安抚，作者最终还是归结到对现实的接纳，对当下的感受。他确信：随着灵性的觉醒，在我们现有的基础上，将会出现一个全新的世界——那里的人都过着自己想要的生活，没有争斗，只有平和、喜悦。他们不再认同于"小我"的心智，因而能够获得真正的内在自由。那里是心灵的世界。

"新世界不是乌托邦。"托利说。心世界，也不是。它就是我们自己。在阅读和追问中，我们带着自己，一点点回到内心的本真。

非结语：带心灵回家

"这本书适合这些教师：他们体验过快乐和痛苦的时日，而且其痛苦时日承受的煎熬仅仅源自其所爱；本书适合这些教师：他们不愿意把自己的心肠变硬，因为他们热爱学生、热爱学习、热爱教学生涯。"帕尔默在《教学勇气》中说。

其实，这里提到的几本书，都适用这个说法。

"当我和我的学生发现可探索的未知领域，当我们面前展现曲径通幽、柳暗花明的一幕，当我们的体验被源自心灵的生命启迪所照亮，那时，教学真是我所知的天下最美好的工作。"帕尔默的叙述里，充满诗意和激情。

而张德芬也说："你不可能经由一个没有喜悦的旅程，而达到一个喜悦的终点。不管此刻在人世间，你追求的是什么，希望你能记得这句话，在过程中保持喜悦的心，那么你心所向往的东西，就会更不费力地来到你的生命中。"

面对日益艰难的教育，日益复杂的现场，教师更需要对自我的清醒认识，真正地回到自己，成为自己。帕尔默说："优秀的教学永远需要的是内心与外界的和谐。"而真正的教育，也必须有一种内心的召唤，一种向真向善向上的召唤。这些书，以及它们所给予的启示，其实就是一条回家的路。我们总是要回到自己的家，精神的家，心灵的家。

那么，借由这些阅读，现在，让我们"在爱与光中"，带着自己的心，回家。

2009 年 6 月 28 日于绵阳绿岛

行读：道路上的教育

在教育中呼吸和游走

禁不住的荒芜和荒凉

"我越陷越深越迷惘,路越走越远越漫长",用这歌词,来表白我与教育的关系,很恰切。当然,是与中国教育,再具体些,是我与我所从事、接触和了解的现实的教育。

曾经说过,我对教育怀着依恋和不舍,好几次有机会离开,终于还是留了下来。

但还是不断听到悲伤的事:一所学校近几年得到广泛关注,因为教学质量好,也就是考试成绩好。前段时间便听说,他们的一年级,已提前一个多月结束新课。

我问:"剩下时间做什么?"

"复习啊。"仿佛笑我明知故问。一年级有什么可复习的?反复做题,做各种各样的试卷。"低于班平均成绩的,打手板儿。"老师在全班扬言。班平均成绩也不高,教师划定的是 98 分——其中一个孩子,对妈妈说:"考试那天提醒我,我不要参加考试。"

刚进学校的孩子啊,才一年级的孩子啊,已如此怕学、厌学,未来十多年里,我们还能期望他怎样学习?

偶尔,也能听到高兴的事。

"我希望天天看到 × 老师。""我希望不要放假,天天上课。"——另一个学校的学生,用"希望"造句时,大多这样说。他们所说的那个老师,不过是让他们有更多时间玩耍、阅读,不过是能够按照教育应有的样子,多一些创意的教学，多一些快乐的教学。

每听到这样的事，多少有些欣慰，觉得教育还不是彻底的无药可救——只是，这样的消息，不多，就像冬天的阳光。而我的耳朵，更多的时候是荒芜，我的身体，更多的时候觉察到荒凉。

改变，还是被改变？

现在，一听到革命之类的字眼，就反感，尤其是谈论教育时。教育如中药，只能温中补内，哪有那么暴力和快捷？我只承认影响和改变。而这影响，不能是强加的，这改变，应当是自发的。从自己开始的改变，自己愿意开始的改变，才是美好的改变。

只是很多时候，我们似乎惧怕改变。人都有惰性。熟悉的一切，能够让我们镇定，从容，不惊慌。突然的变动，总让我们紧张，惶恐。新课程刚开始时，每次作讲座，我都要谈到《谁动了我的奶酪》，谈到我们面对变化时的态度和行动。

改变的艰难，很多时候，是因为自己的害怕和拒绝。和校长们交流，总是说老师，尤其是一些年龄大的老师，不愿意探索，不愿意尝试——这种不愿意，让他们错失了很多新鲜的感受，错失了很多美好的风景。

我知道，他们的恐惧和焦虑，大多有种无力感。我更知道，面对那样的改变时，他们的无助感。这是我们必须承受的。所以，我常常对他们说：没有承受被改变的过程，就不可能享受到改变的结果。你怎么可能每天重复着同样的问题，却指望着不同的结果？

想想，还真是如此。每天上班、下班、讲课、批作业、评点、总结，一周又一周，一年又一年，一届又一届，如此循环往复，似乎漫长的几十年，可一眼望到尽头，没有任何变化的可能——绝大部分教师，就这样走着既定的道路。

铁打的营盘流水的兵。学校的磨在转着，今天和十年前没有什么两样，十年后和今天，估计也没什么两样。最大的变化，或许就是跟着磨芯转动的人——年龄，在逐渐增加，他们，在不可挽留地老去。

这是多么可悲的事情。

总有些思想和灵魂会发生碰撞

把自己的文字，旧的，新的，放在博客里，得到朋友的阅读和评点，讨论或赞和，欣赏和质疑，都是美好的事。"几年前写过一首诗《总有些心跳的节奏是一样的》。现在想，总有些思想和灵魂，是会发生碰撞的吧。"在给一个朋友的回复里，我这样说。

也许，自己对教育的思考，还是贴近和切合教师的生活吧，所以往往能引发一些人的同感，或异见。肖川先生说过一段美好而激动人心的话：

> 在今天的华夏神州，有1400万教师，这也是中国最大的知识群体。为他们而写作，是我今后治学为文的一个重要的追求……人类生生不息，无穷无尽，教育因而永恒，教师作为一种职业因此而永存。缘此，为教师而写作，这可能的读者就远远不止是1400万。为教师而写作，也就可以成为融入人类追求正义与光明、自由与解放的永恒的事业之中。

说到中国教育，很多时候我们会感觉庞大，沉重，问题很多，改变很难。但是我愿意相信，我们每写下一个词语或句子，可能都会有所影响和改变——首先是改变自己的感受和心情，改变自己对教育的理解和态度。倘若这些文字能被远方的人看到，也会改变他们的感受和心情，改变他们对教育的理解和态度。

这是一种非常美妙的事情。

现在，我也在努力做着这样的事情，为想象中的你、他，或她。当我写下这些文字，或者在键盘不断的脆响中，或者在偶尔的分神里，一想到，有上千万人面临着同样的问题，其中至少有一部分人，有着和我类似的思考和声音，就隐隐觉得激动——居然有成百上千万人，因为共同的命定，共同的热爱，尽管走着不同的道路，目的却那么一致，步调也那么相近，这是多么美妙的事。

而当他们读到，沉默或微笑，留下只言片语，尽管隔着那么远的时空，依然能感觉到他们的脉搏和心跳——所以我说：词语的共鸣，往往是心灵的共振，灵魂的共舞。

建设我们的精神长相

看 2010 年的《教师月刊》，第 3 期的卷首语是《你的关键词建设了你的语言容貌》，独特精致，含义深蕴，虽落款"本刊编辑部"，但猜想，应该是林茶居兄所作。

读那本杂志，会时常感叹，诗人办刊就是不一样——无论装帧，还是文字，无论标题，还是内容，都极具匠心和诗心。尤为可贵的是，那些文字，真的在传达着教育的温润、美好。即使是纸页、字体，也让人在摩挲之际，有熨帖感，舒服感。

内容没有全读，但每期的卷首语，都要认真品读。第 1 期的《上游开始，下游再见》，第 2 期的《肯定的力量》，都有着朴素的诗意和哲理。"对于高处的事物，低下头来反而才看得清晰；众声喧哗中，只有低语传得久远。""人在问题中思考，也在问题中醒来。""时间之神，在过去、现在和未来之间辗转。我们因此而拥有一条生命的河流。""对世界苦难的体贴、对生命存在的尊重、对人的成长的信任。它们都是应该在教育中不断被肯定的价值。"诸如此类的语句，在本就不长的篇幅里，显得格外跳脱，也格外惹眼，让人入境入心。

第 3 期的卷首语，从教师的"个人词典"入笔，触及"教师思维与言说的关键词"，非常精到的切入。"在一个人的精神世界里，关键词是最活跃的一部分。在一个人的倾诉或与人的对话中，关键词折射着他的性情、心思及价值观。回到教师文化的语境来说，所谓关键词，就是教师在职业生活（包括教育发言、教育写作、教育反思等）中经常使用的那些词汇。"基于这样的理解，文章谈到了教育的两种力量，肯定的与否定的，美好的与糟糕的，言说简洁，态度也很显豁。

"你的关键词在建设你的职业形象的同时,也建设了你的语言容貌。"这句话,值得记下来,也值得与更多人分享,既警惕"思想的穷乡僻壤",也警惕"语言的穷山恶水",努力让自己的语言容貌和精神长相,显得好看些,美丽些——更加柔软,更加温润,更加明媚,更加接近教育本质的美好。

守望最后的乌托邦

看王木春兄的文章《为明天播下一粒种子》,感触良多。

如他所说:"这是个追求时效性的高效时代。商人讲求商机,创业者把握机遇,连一向重视缘分的爱情也不甘落后。"就是在这样的时代,在这样的现实场景里,"一个古怪的问题,常常不合时宜地闯入我的思想:学校教育的成败能以时效性为标准吗?"

他问得真好。教育的最终效果,总是远远地落后于教育行为本身。做教育,回报总是来得很慢,很远。我们今天的付出、努力和艰辛,根本不可能通过那所谓的成绩来体现。习惯的养成,人格的习得,素质的提升,都非一朝一夕之功。可惜的是,现在的评价,也是戴在老师头上的最大的紧箍咒,就是成绩。当教育的质量成为一个个数字、一次次排名的时候,人人都得为那些个数字紧张、慌乱。

在文章中,木春兄举了具体的事例,表达出他的茫然和困惑。当然,最终他想出了"一种温和的解决办法"。如他所说:"真正的教育,更着眼于学生明天的成长。人的一生,就是不断成长丰富的过程,以自身的善与美去压倒恶与丑的过程,从而不断孕育出人性的光辉,让自己也变得光明起来。从这角度说,今天学校的教育,是为每个人一生的自我教育得以延续埋下一粒善良的种子。"

着眼于明天。他说得真好,做得真好。其实我们都知道,教育是要着眼于明天的,只是,我们在做教育的时候,往往忘了,或者被迫忘了。所以我感慨:"为明天啊,或许,只有教育中的人,还在想着这样的事。明天在夜的尽头,遥遥无期。很多人,就真这样觉得了。"

想起前些天,与一所学校的老师交流时我所说的:在当今时代,还有哪里可以供我们谈论理想？在大街上谈？人家要笑你疯子。在菜市场谈？人家要笑你傻子。在麻将馆里谈？人家要笑你瓜的。"只有在学校里，在教室中，在讲台上，我们还可以谈谈理想了。"所以，我望着那些亲爱的老师们，再次表达了我的那个观点：

联合国教科文组织说，教育是人类必要的乌托邦，但是我认为，教育是人类"最后的乌托邦"。正因为是"最后"，所以更值得我们坚持守望。

总有一滴蜜是我酿的

电影《谁动了我的幸福》中，主人公讲过一则故事——

有一只蜜蜂，成天在花丛中辛勤奔忙，一只老鹰看见了，就说："小蜜蜂，你成天那么辛苦地忙碌，有什么意思啊？你知道蜂房中哪些蜜是你酿的？"蜜蜂抬头看了看老鹰说："鹰啊，我没有你站得高看得远，可是，我只要一看见蜂房我就激动。"老鹰问："为什么？"蜜蜂说："虽然我不能确切地知道哪些蜜是我酿的，可是我知道这蜂房中，总有一滴蜜是我酿的。"

做教师的，日复一日，年复一年，与孩子打交道，常常会觉得生命意义细微，甚至虚无。一则因为工作的忙碌、琐屑，再则因为最终的评判太过遥远、模糊——谁也不能确切知道，自己所付出的努力，最终会有什么样的结果。

但是，也有不一样的老师，一走进校园就兴奋，一看到孩子就欢喜。薛瑞萍（网名：看云）说："给我一个班就够了！"我也总能听到一些同事说："让我安安静静教书就好！"或者说："看到孩子们的笑脸，心里就甜得像蜜一样。"

这样的老师，多像那只蜜蜂。

现在，我已不在一线，但我仍是教师，仍做着与教育有关的事。机构的定位，是服务。我喜欢这样的服务。包括我的工作、写作，包括我的兴趣和爱好。我甚至愿意这样想：如果教育真是在为人类酿造甜蜜生活，就让我做一只蜜蜂吧——尽管终其一生，我都不可能做出什么轰轰烈烈的大事，但我知道，那蜂房中，"总有一滴蜜是我酿的"。

或许，对于我的生命，这就够了。

记下，是对生命的负责

好友深蓝曾写日记《树用年轮来记录沧桑》。她是感性的人，题目也带着温情和诗心。我给她留下回复："美好的记录。如果没有这样的记录，我们的生命是否真的来过？是否真的度过了那么多日子？"

想想，真是如此。

记下，留存，以供来日查验，或温习。很多时候，我们对生活，对人事，可能会有刹那的感触或念想，但是来不及记下。时间过去了，那感觉，那念头，也就过去了。如此匆忽，迅疾——如果一生过去，最终两手空空，就像我在博客里对自己的追问：我们用什么来证明，我们真的来过，活过，爱过？

所以，越来越在意记录，仿佛要在纸笔间，刻下生命曾在的印迹和面目。

就此而言，教师的记录，或者说教育写作，也便有了意义支撑和依托。在二三十年的工作时间里，每个教师，可能要上数千乃至上万堂课，第一堂和最后一堂，公开的和私下的，肯定都不一样；甚至可以说，每堂课，无论是与别人的比，还是与自己曾经上过的比，都不一样。方式、体会、经验、教训，也绝不可能完全相同。如果没有记录，没有刻写，我们用什么来证明：我们曾经站在讲台上，曾经上过这样的课？

不说成长，不说发展，不说宏大的意义，哪怕只是对自己的生命负责，也应当努力记下：那些感动和惆怅，那些明亮和黯淡，那些耻辱和荣光……如果说，阅读可让我们有双倍的人生，写作，以文字记下曾经的生活点滴，或许会让我们有数倍的人生——因为文字的铺陈，我们的生命得以延伸、拓展、厚重，甚至熠熠闪光。

发自内心的觉醒

读一篇《中国教育报》专访于漪的文章，看到一句让我颇有感触的话——"教育的力量在于教师的成长，而教师成长的根本在于深度的内心觉醒"。

一直在思考教师的专业成长——成长是必然的，问题是如何出发，或者说，这出发点建基于何处。于漪说是"深度的内心觉醒"——觉醒这个词，意味深长，而人成长的过程，实为无边无际的苏醒过程，不断地觉悟、醒来，或者说觉醒。

我说过：一个人不可能成为他自己都不愿意成为的人。换句话说，一个人要成长、发展，必然的前提是他自己愿意——基于醒悟，基于自觉，意识到自己的命定和必需，意识到自己的职责和担当。所以我一再说：观念比行动重要，状态比方法重要，氛围比制度重要。只要观念对了，不用逼迫，也会行动。只要状态在了，不用耳提面命，他自会主动地想办法。只要氛围好了，不必有制度的约束，他会自觉地向上向好。

始终觉得：优秀教师不是靠培训产生的，正如优秀作家不是靠学校教出来的。一个教师，总是因为内心的觉醒，然后开始主动自觉地成长，慢慢地成长，一点点变得优秀。换言之，只有当他意识到成长是内在的需要，才可能自发地行动，不断地超越。

"我必须超越，这是生命的姿态。"于漪说。这位年满八旬，从教近60年的老人，依然走在我们前面。她说："我做了一辈子教师，但一辈子还在学做教师！"这正是"深度的内心觉醒"的体现。

可惜，正如一位好友所说："没有觉醒的教师依然大有人在。"而这些人，并不明白自己的职责和使命，甚至并不清楚自己的思想、行为，将会对学生产生怎样的影响，所以他们大多茫然甚至麻木地接受外在的指令，没有内在的驱动。

"迫于外界的压力产生的改变不会持久，唯有发自内心的觉醒，甚至是痛彻心扉的反省才会让我们的教育生活发生质的改变。"我记住了好友的话。

居未安，业何乐？

端午第二天，朋友邀约，到他乡下老家钓鱼。原本犹豫着，但心里一直痒痒。钓鱼是我所好，所以最终还是去了。假期里难得早起，乡下的空气异常清新。早晨的风，原本凉爽宜人，但热情的太阳很快出来，稍有些闷热。在鱼塘边守候几小时，除几斤鲫鱼外，还收获了满脸和双臂的红——回家时才发现，裸露的部位，颜色有别于别的地方。太阳，的确是非常的热情，就像朋友和他的家人。

朋友姓张，小我一轮。刚来到涪城不久，即在A61论坛上被我发现。他与人争辩中西教育中的"拇指"和"食指"现象，就是表扬和批评，夸奖和指责——来言去语里，感觉他是有思想的人，文笔不错，对教育也有自己的热爱和见解。于是某次与他所在学校的人聚会，我"点招"他来，并在三杯两盏啤酒后，特批他即时加入了知行社。后来有机会到南昌学习，又特别地带上了他。他是优秀的，无论是教育教学，还是待人接物，所以不过两年时间，他成了学校的教导主任。

只是现在，越来越多地感觉到他的忙碌和茫然。因为管理要花掉他太多精力，而因为生存，他不得不考虑更多的事。所以，花在思考方面的时间、精力、激情，似乎已经不如以前。

我能够理解年轻教师的艰难，但每次想到他，还是有些隐隐的伤感。而像他这样的年轻人，还有很多很多——在《江湖一刀教育语录》里，我曾说过："安居才能乐业。一个时常为吃住发愁的人，为收支盘算计划的人，哪里谈得上爱岗敬业，哪里有心情和精力爱岗敬业？"

我想说的是，要真正搞好教育，起码应当让每位教师安居乐业，乐于（而非"不得不"）为教育奉献，能够全身心扑在事业上。舍此，别无他法。

用文字另造一处故乡

也许，这一生最庆幸的是，无论处于怎样艰难困苦的时刻，也不曾放弃过文字。读书，读的是文字。写字，写的更是——虽然现在更多是直接用键盘敲打。与书桌、文字保持密切的距离，几乎成为固定而恒常的生存状态。

似乎记得，很小时，如厕便习惯带着旧报纸，现在，也仍有此陋习。而且私下觉得，能被我在厕上阅读的，必是好书。偶尔出远门，若不曾带书去，也必得带书回。读什么，怎么读，并不特别讲究，只是随意。喜欢这个说法：像呼吸一样自然——在展开的字里行间，如马赛所说，悄悄地"回到自身之中"，或者被那些文字"指导着"，如泰戈尔所说，让"我的生命通过不可知的黑暗"。

写字，也是如此。我说过，看到屏幕渐渐被自己敲出的文字占满，有极大的成就感和愉快感。尽管不是所有的文字都有意思，但是对自己敲下的，从自己心里出来的，总是敝帚自珍。看到，听到，想到，感觉到，然后记下来，为过去的时光留一道痕，也给自己的精神世界，留一些影——不是永恒，胜似永恒。

我们都活在语言中，尤其是活在母语中——它像血肉一样，和自己融为一体。一位漂泊海外的诗人曾说，每当看到"碧海、沧桑、江湖"这些词语，都会莫名激动，甚至落泪，在泪光中想起故乡——语言里的故乡，甚至，母语就是故乡。

人需要故乡，放置思念，安妥灵魂。精神也需要故乡，有故乡的精神，就像有源头的流水，才能获得真正的安宁、舒展、奔流。

因为艰难，所以坚持

每年春来，都半遮半掩的。千呼万唤都不行，得千盼万望，它才"始出来"。渐暖的风，新抽的芽，绽放的花，冷浸时节的第一抹春意，是美好的。但是，鹅黄的嫩芽，并不意味着春天已经抵达。还有寒冷，还有反复，惊蛰惊春，桐花冻春，乍暖还寒，寒而复暖。

这多像我们的教育——在细节里，在场景里，影响和改变，总在发生，缓慢，悠长。很多时候，向着良善，向着美好。但并非一蹴而就，更不可能一劳永逸。还会有反复，坎坷。还会被不善、不好的东西，诱惑与欲望，影响和改变。然后再教育，再向良善、美好的方向发展——极像那句俗得不能再俗的话：前途是光明的，道路是曲折的。

教育，更像是一场又一场的农事——在孩子们心底，撒播下美好的种子。然后，是漫长的等待。所以，很多时候，我们得相信自己播撒的种子，相信岁月的公正，我们得有耐心，慢慢守望，而不能急功近利，像捕鱼者那样，撒下网去，就希望能有收获，甚至希望每一网都能有收获——如果那样简单，还要教育做什么？还要教师做什么？

在当今时代，教育非常复杂、艰难，问题很多，麻烦很多，很容易让人心事重重，步履重重。但是我曾说过：

> 正因山峰高迈，才需要我们不息攀登；正因道路险远，才需要我们不断跋涉；正因教育艰难，才需要我们不懈坚持——教育的复杂，决定了教师的尊严；教育的艰辛，决定了教师的价值。

其实，哪里只是教育，世间事，大多如此。

2009—2010 年

以"大夏"之名

暑期的上海之行，本不在最初的计划里，如果没有"大夏"的话。

上海，已去过多次。实在说，并不喜欢它漫无边际的庞大，钢筋水泥的繁华。尤其是那些天，看着天气预报里的温度，感受着电视新闻里的"热度"，想到一个朋友的QQ签名"苟日41，又日41，日日41"，和另一朋友的"白天烧烤、晚上闷炖"，就觉得，走到哪里，都不如待在家里，哪怕有"热情似火"的邀约和恳请。

但是，"大夏"十年了。华东师大出版社旗下的这个孩子，一年年长大，拥有了400多本以"大夏"为名的书，成了国内享有盛誉的教育品牌。这样的时候，通过某种仪式和庆典，来回顾过去，总结现在，展望将来，是情理之中的事。

出乎意料的是，我的名字，居然忝列嘉宾名单。更意外的是，茶居事先"剧透"，说准备邀我做"大夏"的特约编辑。这样的信息，实在让人喜出望外——作为普通的教育写作者，能在"大夏"这么亮的牌子下出书，已够让人"羡慕嫉妒恨"了。现在，居然可能把名字放在与"大夏"有关的"编辑"一栏，该是怎样巨大的欣喜和鼓励？

于是爽快答应：肯定去，坚决去，哪怕顶着41度的高温，也要毫不犹豫地去——不是为了"热情"的上海，而是为了喜欢的"大夏"。

这些年来，中国有多少年轻教师是读着"大夏"，一天天长大、成熟，成为优秀教师，成为好教师的，我不知道。但是我曾听不少老师说，到书店，每次看到"大夏"，就会情不自禁地翻翻看看，或者挑选一二，买回家去。即如我自己，书房里的教育类书，以"大夏"贯名的，就有半壁河山之众。自己关于教育的第一本书——《幸福教师五项修炼——禅里的教育》，也以"大夏"之名面世，而且因着"大夏"的品牌效应，不及三个月，便首印售罄，得以加印，更让自己小小地骄傲——虽然我是极低调的人，并且玩笑说，要让全世界都知道我的低调。

可以说，如果没有"大夏"，或许就没有今天的我。所以，一听到"大夏"的召唤，就不只激动，更有莫名的急切了。

其实，如果没有"大夏"，恐怕也就没有今天的张文质、程红兵、万玮、任勇、柳袁照、汤勇……看着名单上的他们，一个个赶来，或远或近地，齐聚于华师大的逸夫楼，围坐在出版社的会议室，心里有着隐隐的激动。这支队伍并不庞大，但精锐、强悍，几乎每个名字，都是一道亮光，照耀着或大或小的一片天地。我为"大夏"而来，某种意义上说，也为他们而来。毕竟，能跟他们有所交流，或有更多交流，是美好的事。

我所期望看到的面孔，也还包括：诗人主编林茶居，美女社长李永梅，拙著的策划编辑朱永通，QQ交流甚久却一直未曾谋面的程晓云、赵平……他们是活动的主人，也是嘉宾的"公仆"，可爱的"公仆"。看着那一张张熟悉、亲切的脸，我恍然觉得，走到哪里，都是走在朋友圈里，有话说，有酒喝——这样的感觉，美极，妙极。

更何况，还有别样的朋友。临出发前，曾跟"散步的水"说，要去上海看她。她和夫君，却在我们刚报到后，就赶过来了。从徐汇到普陀，路有多远，我不知道。只是，在黄昏夕光里，看到可爱的小两口，立刻想起去年夏天，我们一大帮人从江苏过去，住在他们家里的情形——那只是我们初次谋面，但因为彼此的文字垫底，因为QQ上不多的交流，似乎她的一切豪爽与慷慨，我都可以理所当然地接受。就像后来，当我离开上海，不堪旅途的重负，把全套"大夏十年经典"送给她，她也可以欣然接受一样。

晚饭时，遇到更多熟悉、亲切的面孔：浙江的刘波，湖南的尔笑，包括晚到的山东的明霞——老友相见，吃什么不重要，重要的是在吃，说什么也不重要，重要的是在说。在酒意和笑意里，恍然忘记今夕何夕，身在何处。

第二天的庆典现场，布置得简朴、随意、温馨。领导致辞，专家讲座，嘉宾发言，互动交流，社内参观，都是惯常的程序和环节。但是因为那一本本熟悉的书，一个个熟悉的名字，因为共有的"大夏"之名，把彼此的感觉和情绪，弄得热烈而坦诚。讲话的，随意而自然；听讲的，认真而专注。不断响起的掌声，脆亮而悠远。

头天报到后，茶居就说，有"救场"的任务给我：发言的嘉宾有临时缺席者，要我帮忙"填空"，围绕阅读与教师成长，作半小时交流。虽然没有任何准备，我依然满口答应。只是上午的气氛太热烈，时间太紧张，我便跟茶居说，干脆下午互动环节时，再作交流。

"大夏十年"的专题片，叫作"向一本新书走去"。想来，这应该是茶居的灵感。只有这个诗性洋溢的男人，才会想出这么朴素而性感的名字。他说，为这个专题片，连续熬了几个通宵。"和剪辑师一起，两个人，每晚五包烟。"闲聊的时候，茶居跟我说。听着他低沉而沙哑的声音，看着他锃亮而疲惫的光头，心里有微微的暖、软和疼。

"向一本新书走去，是出版人的身姿；向着一本本新书走去，应该成为教育人的身姿。"互动环节，我的交流就从对专题片名的模仿（也可以说是"敬礼"或"致意"）开始。我谈到教师阅读的现状，谈到阅读对教师成长的意义，也谈到这些年来，我在推动校园阅读方面的绵薄努力，以此切合茶居拟定的交流主题：书香校园建设。最后，我以自己创造的"我们不能扭转季节，但可以营造局部的春天"这句话作结。

最让我感动的，是贾志敏老师。这位早为我熟知的特级教师，小学语文界德高望重的前辈，已经75岁高龄、仍坚持在一线上课的长者，话语不多，但是质朴、诚恳。交流时，他谈到自己的从教历程：高中时即被打成"右派"，连续四次高考，都因此落第；19岁那年，"误打误撞地当了老师"；56年来，一直在一线上课。

谈到对职业的感受，他说："当年，是为了生活而不得不选择教育工作，但是今天，要离开教育工作，我就一天也没办法生活。"我不是喜欢追星的人，但是因为这句话，在晚餐的时候，趁着酒意，真诚地请求跟他合影，并在回川后的两次讲座中，讲到贾老的故事，炫耀我跟他的交往。

柳咏梅未在被邀之列，但是当我在QQ上无意间跟她说起这事，她就有了来沪的冲动。听说文质先生也在,便当即推掉学生聚会的邀约,一大早从南京赶来。在网上叫"带露梅花"的这个女人,跟我的想象保持着充分的一致,而她心地的良善,性情的爽朗,远远超出我的预期——看着她明媚的脸,我愿意相信,她是为朋友而来,也是为"大夏"而来。当她拎着那套"大夏十年经典"回家,我想,她肯定也会有"不虚此行"的感觉。

庆典第二天,正好是"上海书展"开幕。"上海书展"已历十届,"大夏书系"正好十年,不知这是否是冥冥中的巧合。我们一大早去了书展现场,"大夏十年经典"首发式,将在那里启动,而启动的嘉宾,是朱永新先生——读他的书,已有多年,见面却是头次。无论交流,还是合影,他都非常随意、自然,显现着谦和蔼然的长者之风。我愿意相信,这既是因为共同从事的教育,也是因为彼此喜欢的"大夏"。

有意思的是,出发前一直"高烧不退"的上海,到我们去时,居然降温以待,晚间甚至有习习凉风。我曾玩笑说,看来我是"降温器",走到哪里,凉爽就跟到哪里——这样的天公作美,是否也是因为"大夏"之名呢?

2013年9月9日

在一张不断移动的床上

1

是床吗？这样问，显然是有疑惑。尽管除了吃饭、抽烟、和家人说笑、玩闹，偶尔坐在窗前发呆，更多的时候，我一直躺在上面，看书、睡觉、发呆。我得以躺在那里的凭证，写着：9号车厢，1号中铺——铺，不是床，但其作用，与床类似，所以最终，还是叫它为床。而且它是移动的：绵阳、江油、广元、汉中、安康、灵宝、华山、三门峡……我躺在床上，却不断抵达、穿越、经历——不同的大地、山水、人文、风情。在一张安然的床上，我稳如泰山，却跋山涉水，日行千里。我真正成了费尔南多·佩索阿所说的"不动的旅行者"。

2

和我一样，不动而旅行着的，还有我的家人。我和老婆，还有我妈——我们一起，送一苇上学。他要在北京，那所叫北航的学校生活四年。除床上用品到学校添置外，衣物、鞋袜、电脑，其他日常用品，装了两大箱，极像搬家。原说让他自己去，他也愿意，但是考虑到——第一，新生入学，涉及太多费用，不敢轻易放手；第二，一苇第一次到北京，路途遥遥，让他独行，怎么也不放心；第三，妈和老婆都没去过北京，带她们走一趟，看看首都，也看看一苇的学校——所以就举家前行了。

3

是1364次列车。从绵阳到北京，按正常情况，也要30个小时多点。即是说，我将在这张床上，度过30多个小时。或者说，这30多个小时，这张床与我，将建立起异常亲密的关系——它将为我提供安稳的容身之所和一方狭窄的空间。它不是床，自然没有床的标准，哪怕是单人床或行军床。它那么窄、小，刚好够安放我并不肥硕的身体。中铺的空间，难以坐直，所以多半时候只能躺着。胡乱瞎想，居然想到卡夫卡的话："那时我躺在床上，像夹在刑具里。"卡夫卡说的"刑具"，肯定不会这么舒服，但多少有些仿佛。

4

卡夫卡的话，从张文质的书里看到。像以往的所有行程一样，我包里装着书——张文质的《教育的心灵之约》，马里坦的《教育在十字路口》。带张文质的，是因为他的那些片段文字，那些独属个体的絮絮之语，极适宜古人所谓的"三上"。另一本，其实也与张文质有关：读过他的《教育的十字路口》，那是比喻，马里坦的"在"，更像象征式的描写——我想看看，他的"十字路口"这个物象背后，究竟是什么意象。那个法国人所说的教育，和张文质的，到底有何异同。

5

带书是习惯，就像买书和读书。有很多年了，每次出门，都会响应林达的号召：带一本书去远方。不过，与最初相比，这习惯有很大改变——不是形式，是内容。以前，买的、读的、带的，多是小说、诗歌、散文，现在，几乎是清一色的教育。以前，习惯于别人称我作家，或诗人，而现在，每听到这样的称谓，都要加一个"前"字。现在，我似乎更愿意说到自己的职业，而非爱好。我说，我是老师，或者说教育者。尽管有时我也疑惑：我是否已经成了真正的教育者,就像一个忠实的信徒,找到了灵魂的皈依?

6

这一程,要经过无数河山与风土。秦岭,关中,中原大地,燕赵风情。这样的词语,想想就足够庞大,纷繁;再一路看过去,以七八十公里左右的时速,慢慢移动,感觉它们更为辽迥。山水无穷,田野广阔,无论南方北方,那些庄稼、树木,那些房舍、炊烟,都为我熟悉,亲切。但要叫我表述,只能一概称为"窗外的"。那样一掠而过,我能指称的,只是匆匆路过或偶尔停留的那些被标示的站名。甚至不是小型或中型的,我能记住的,或有印象的,都是一些显赫的地方,或城市——尽管无论大小,我对它们的了解,大多仅限于名字:这条线,我坐火车走过多次,似乎没有一次,在中途的某个地方下车,短暂逗留,用脚亲历。

7

当然,也有例外。比如洛阳,曾经在那里开过会,看过著名的牡丹,甚至去过嵩山少林寺。比如郑州,因公差机会,坐公交车穿行过几条街道,离开时,在火车站候过车。还有些城市,尽管足迹未至,意念和思绪,早已熟稔。比如说,汉中、安阳、华山、邢台、保定,在我头脑里,有它们各自的资料库——关于它们的历史、文化、传说,甚至人文风情。它们,原本不过是一些概念,在我的意念世界里,却不再是纯粹的抽象。就像网络时代,一位远方的朋友,尽管素未谋面,但经过交流、聊天,他(她)之于我,已经是"熟悉的陌生人"。

8

这中间,华山的印象特别深刻。不是因为那座山,也不是因为多次路过;实在说,我甚至不知道,那姓华的山究竟在站台的哪个方位。我只记得,有年冬天，妈到苏州看妹妹，在那里遇雪堵车，错过了妹妹的几次接站。妈到苏州，没能打通妹妹电话，联系我，我又因酒没能接到，当我打过去，却是公用电话。接下来三天，我和妹妹想尽千方百计，也找不到她的踪影，直到我绝望地准备上路去找她，她居然又乘车回来了。那真是惊心动魄的记忆——说来也怪，这次，列车居然又在那里，莫名其妙地停留了将近一小时：莫非是上天要让那个车站，那个地名，给我、给我们留下更深刻的印象？

9

更深刻的印象也的确有了：停车那段时间，我正好读完张文质的《给远方的朋友写信》——是那本书的第一篇，88页的篇幅。读着那些亲切、温婉的句子，莫名地想到在南通作讲座，差不多进行了一半时间，他才抑扬顿挫地说："啊，这是我的开场白。"惹得全场掌声不息，大笑不止。然后又说："我的开场白总是不能控制，我总不知道自己要讲什么。"——那么，他写下的这些文字，记录的这些情绪，在呈现给"远方的朋友"时，是否也是"不能控制"的？显然不是。那个温婉、柔情、谦卑的家伙，对于教育，对于他所言说、指陈的教育，有着深切的悲悯，恰当的控制。那些闪跳的句子，流淌的意绪，随意，自然，看似旁逸斜出，却总是绕缠着教育的主干——真心喜欢这样的文字，以至于我的行文，也深受其影响：在现有体制和背景下，我们所能做的，或许都只能，如此而已。

10

就像现在，我的这些思绪和感触，看似散漫无边，却始终受制于那张窄小的、不是床的床——事实上，再宽大的床，也只是为了安放身体。就像再豪华的棺材，也不过是盛装冰凉的尸体。这样的联想固然不好，想来也没多少人愿意听，但事实确实如此。又莫名地觉得：很多时候，真相很难看，真话很难听，就像常识，常常为我们不识。三天前的教师节下午，分管教育的副区长"莅临"单位，以为要给我们过节，却是为了调研，而且一直弄到晚上 7 点——我玩笑说，这是近 20 年来，我印象最深刻的教师节。

11

这句话，是晚宴时的"脱口而出"。在酒气里，他笑得很含混——下午交流时，我谈到对区域教育的感受，包括对教育的零乱思考。有些话，肯定让他感觉不够顺耳，但我觉得，我所说的，第一，是我愿意说的，第二，是我的真实想法。真话的确不好听，但是，我愿意说出自己的理解和期望。我知道，现实是暗漫、沉重的，但我仍然愿意相信：总有空间可以让我们见缝插针。我也愿意相信，副区长最后说的那句话：体制很难改变，但机制可以创设——类似最让我自豪的"刀语"：我们不能扭转季节，但可以营造局部的春天。

12

就像此时此刻，夜已广大无边，在我所不熟悉的华北平原上，在一张不断移动的床上，在周而复始的车轨声中，我写下这些文字，既是想传达出我的感触，也期望能与你分享我的思绪——这似乎有些效仿的意味，像文质兄那样"给远方的朋友写信"。事实上，这些年来，这样的信笔写下，其实已成为习惯，一种不算美好，但足以自怜自爱的习惯。

2010 年 9 月 13 日凌晨于 1364 次列车上

我们在一起哈，尔滨

雪不知道，我是为她而远行

似乎已期待了很久。那座遥远如异域的城市，它吸引我的，是独特的地理，纷纭的传说，尤其是无边的冰雪——冰城，虽说也叫夏都，有湿地风情，太阳岛风光，但我更中意的，是想象里的银装素裹。当然得在冬天——极寒的时刻，去极寒的地方感受、体验，我似乎有这种癖好。而冰雪，像海洋和美女一样，对我这盆地人来说，始终是致命的诱惑。"除了诱惑，我什么都能抵挡。"英国诗人王尔德的这话，仿佛专为我而说。

因经停济南，12:30在成都登机，17:40才降落在太平机场。接机的孙师傅，直接拉我们到餐厅。文质短信说：火锅等着——果然，东北特色的火锅，弄得满屋烟雾弥漫，热气腾腾，害得我一进去，眼镜片就激动得起雾。反复擦拭多次，才看清那一张张热情的笑脸，除熟悉的文质、猜想出的李军和文芳外，别的，只好等待介绍：福建的水为刀，常熟的三位帅哥美女，香坊进修校的两位同仁——后来，美丽的关关（文丽），又带来美丽的赵英屏，加上跟我同行的两个女士，把那张餐桌挤得像饮食无节制的女士，不断膨胀。

热气和热情都无以为报，只好喝酒——两大杯"猎户"，在敬与被敬间，无知无觉就下去了。知道不能再喝，但看到桌上的啤酒，是熟悉的家乡牌，顿时情不自禁。因为赶机，早餐没吃，午饭只吃了随机赠送的盒饭，上桌后又没顾上吃菜，很快，就豪情满怀地把自己给放倒了——似乎从早上7点起床，忙天慌地赶5000多里路，就为了那"穷龙饿虾"的几杯酒；

知道者，说我豪爽，不知道者，会觉得我贪杯，想想就有些丢人。

但那热情和温情，暖得让人无法抗拒。就像见面时，文质先生表扬我"长得好看些了"；就像后来房间里的暖气，让我美美地睡了一宿好觉。

第二天，跨年诗会前，有几小时空档，便带着"一刀的两个女人"，打的去"冰雪大世界"——早餐时，一个热情的东北小伙说，正好开幕，惹得人满怀热望。没想到，是他兄弟犯了迷糊：我们离开那天，才是真正的开幕式。

在冰城，居然要靠"人造雪"，来实现"雪花飘飞"的意境，想想，怪有意思。的士师傅说，今年只下了一次雪，毛毛的那种。又说，这是三年来最暖的冬天——不免遗憾。

冷冽却是有的。在"冰雪大世界"外面，踩在咯吱咯吱的雪地上，感受那呵气成柱的情形，知道自己是真在北方了。回程路上，我们步行去松花江，在完全封冻的江面上，像工兵探雷一样行走，真切感受到了冰雪的可爱。格子在玩自拍时，华丽而彪悍地摔了一跤，惹得三人哈哈大笑，更仿佛一个美妙的标记或注脚——让人对那感受，再也忘不掉。

于是想，尽管雪不知道我是为她而远行，但那或许是为了埋下伏笔，留下期待，给下次再去找个理由吧。

以诗歌的方式，穿越一层年轮

一直好奇，"雪知道"这主题，谁想出来的？雪知道会有这么一群人，以它的名义，以诗歌的理由，从五湖四海赶来，以夸张的方式聚合，热情地度过美好而漫长的24小时吗？

曾经热闹的诗歌，在今天，似乎已冷清得如冰城夜里的街道。但就在那冷清里，在天鹅宾馆的牡丹厅里，浓郁而热烈的诗情，却从2011年12月31日中午12点开始，延续到新年第一天的同一时刻。

"跨年诗会"，像一次行为艺术，吸引了众多美好的眼睛和心跳。

主力当然是本地的。教师、学生、部分校长，那么庞大的阵容，不难想象李军和关关作出的努力。核心和灵魂，却是那个叫张文质的男人和他所代表的"反克诗群"——主持节目时,我曾玩笑说,这个叫"反克"的客人,在冰城,是典型的"反客为主"。

因为文质,也因为诗歌,赵赵从济南来了,老凌从南通来了,尔笑从长沙来了,伟华从河南来了,彭峰从江苏来了,波波宙宙秋秋们从石梅来了,我也带着格子和小侯,从四川来了。当然,还有文芳和水为刀,还有关关和青花,还有冰城的众多爱诗者,诗爱者。不熟悉的,见面就微笑,握手;熟悉的,更是笑着,拥抱在一起,无分男女长幼。

矮个子的文质,胖乎乎的文质,肉菩萨的文质,时时刻刻都活跃而精神的文质,以不同的方式,不同的文本和语调,不同的风格和姿势,推动着诗会的节奏和进度,就像他以不同的词语和句子,言说和推动着"生命化教育"——他甚至像孩子一样,夸张地拍手,发出让人讶异的怪叫,为诗歌叫好,为生命喝彩。

事先知道,自己已被缺席宣判,要主持其中一个环节,搭档就是我带去的小侯。我们的时段,是20:00—22:00,按电视台的说法,是黄金时间。不过,到我们上台时,前段节目,已自由散漫到21:00,我只好假装有些遗憾。想到曼杰尔斯塔姆的诗"黄金在天上舞蹈,命令我歌唱",便以此开头,引出搭档小侯——她内向,寡言,有时甚至迷糊,但在那样的场景里,居然也能妙语不断,仿佛内心的激情,已被诗歌唤醒和点燃。

诗歌,当然离不开歌和舞。我们这一段结束后,青花依旧主持时,便是跳着舞上台的,而且着了专业的服装——她说,花40元租来的,不跳就浪费了。李军清唱《涛声依旧》,我和水为刀牙痒痒的,终于忍不住跟着帮腔,把独唱变成小合唱,让最抒情的那段,变得越发深情而激情。后来,被大飞哥点将,我干脆跟青花来了个现场版的"敖包相会"。

2011年的最后时刻,被文质确立为"年度感言时间"。从尔笑手中接过话筒,我激动而热切地絮叨了许久。因为此前一瓶"哈啤"的原因,究竟说了些什么实话或酒话,已没有印象。只记得最后,我以"没有时光可以留得住,但是总有未来能够让我们守望"这句话为结。第二天晚上,在"祥云雅致"的211房间,我又以此为题,回顾和梳理了自己的2011年。

24小时被分成12个段落,仿佛农历的12时辰——始于午时,终于午时，在诗歌缓慢而悠长的脚步里，一个循环完成。新年第一天的阳光照常升起，明媚地照着冰城。尽管未能全程坚持，在新年钟声后不久就逃回宾馆休息，但我没法忘记，我曾以如此诗歌的方式，穿越了一层年轮。

无知者无畏，或在雪地上飞

按议程，2号报到，但我们提前去了，无到可报。主办方建议我们去感受冰雪。先说去雪乡，但听说住宿糟糕，便去了200公里外的亚布力——那个著名的滑雪场，名字据说出自俄语。在导游的"哼哼教诲"下，我们弹着舌头，很快学会了"亚布洛尼"的俄式发音。

但是学会滑雪，就没那么容易了。

很多年前，我学过滑冰，虽姿势笨拙，但到底能滑。因此以为，滑雪的原理也差不多。听了导游的"内八字""外八字"后，在教练指导下蹬上滑雪板，便摆脱准备为我继续服务的教练，说先体验一下。开始是段小斜坡，轻轻拨动滑雪杖，居然就流畅地滑出10来米，觉得轻松好玩。不小心到了乘缆车的地方。候车的人多，回头见到江苏来的曹校长，便既像自语又像询问地说："上去吗？"曹校长不假思索地说"当然"，就排队上去了。

后来的情形，生动而形象地说明了什么叫"无知者无畏"。

缆车是四人一组。和我同车的三个，都是东北小伙。他们热情地问我从哪里来，以前是否滑过，然后惊叹："大哥，你也敢上来啊？"从中听出了些悲悯和同情的意味，心里不由一阵阵发紧，差点想像被通缉的疑犯，跳车逃走。

但是，缆车就像贼船，上去后就不容易下来——好在，刚下车就有导引员热情迎来，说可以带我下去，问价格，觉得不太"亲民"，便推说先感受一下，再作决定。没想到，一开步就失控，像刹车失灵一般，径直向10米开外的一位女士撞去，直到紧紧抱住她的香肩，连说"对不起"，才勉强刹住。导引员赶忙跟过来："看样子，你没滑过雪，还是我带你下去吧！"我假装镇定地说，先等等同伴，并作出回头张望的样子。趁他不注意，又擅自开滑——这一下，距离远了些，惯性和势能也更大，结实地一跤下去，自然是五体投地，与茫茫雪野来了个亲密接触。

但并不觉得狼狈，因为前后左右，都有不断摔倒的人——痛苦的是，滑雪板太长，人倒地后要再站起来，得努力张腿，使左右脚方向一致。那动作，像老熊一般夸张、拙笨。加上雪地太滑，坡度太大，身体很难稳住，所以费了老半天劲，直到气喘吁吁，才勉强站起，那姿势，一看就叫人想起"颤颤巍巍"。

路还长，坡还陡，只得将"摔跤式滑雪"进行到底，虽然心里早已"虚火"——跟同事交流教育时，我曾玩笑说，成功才是成功的妈。而此时，连续的失败，已经让我像习惯性流产的女人那样，有了严重的心理阴影。特别用心，也特别紧张。

第三次摔倒，顺理成章地来了。而且像高尔基笔下的暴风雨，来得更快，更猛，更彻底：滑雪杖脱手，滑雪板脱脚，身体腾空，以难度系数极高的空中滚翻一周半后，才栽倒雪地——这下终于有些泄气，干脆耍赖一般，坐在雪地上，歇了很久。直到看见有人一手抱着滑雪板，一手拎着滑雪杖，拖着沉重的滑雪鞋，在雪地里趔趄着挪动，才开始见贤思齐，亦步亦趋。

那样的时刻，其实很期望有导引员帮忙，但是，离出发地已颇有距离，而导引员就像公共汽车，你想坐的时候总是没有。开弓没有回头箭，只好可怜兮兮地向下走去，把孤独而悲壮的身影留给茫茫雪地。到最陡的那段，干脆先扔出手中之物，以屁股作为滑雪板，用双手刨动，才勉强完成那段"狗刨式滑行"。

这样别扭着下完陡坡，眼见得雪场平缓起来，才艰难地整理行装，真正"滑"完最后的路程。那个时刻，也才真切体验到滑雪的美好：流畅，舒展，像在雪地上飞翔。但是，走得最快的，总是最美好的时光——就在那快乐与遗憾交织的感觉里，我结束了平生的第一次滑雪之旅。

教育，还是要慢些，更慢些

冰城之行的主题，是教育和课堂。"慢教育·慢课堂"这提法，应当源自文质对教育本质的理解，源自他"教育是慢的艺术"的发现。其间道理，不必多说。会议之所以放在这里，应该是因为香坊的生命化教育，在区域整体推进后，取得了一定程度的进展。所以，大会的主题报告，即由香坊区教师进修校李军校长来作。

随后作报告的专家，是研究民国历史、文化、教育的傅国涌先生。

"什么是更好的学校？"这一命题，固然有很多切入点，傅先生从他最熟悉的民国教育开始。在随意找到的一张纸上，我记录了如下只言片语：

今天的中国，成功是一颗摇头丸。

小学课本，尤其是语文课本，代表了一个民族文明的底线。（记录时，我想起自己说过的话：人可以没有底裤，但不能没有底线。）

一个国家的国民接受了什么样的小学教育，这个国家就会是什么样子。

今天的中小学，在整个教育体系中是没有任何地位的，因为它们是为升学而存在的，只是升学流水线上的一个环节。

教育的常态就是培养普通人，而不是培养超人。让普通人成为精神健康的人，成为能适应未来社会生活的人。

教育的力量在于提升，让人超越本能，但今天的教育是让人向本能投降和沉沦的。

做一位好教师是对自己的救赎。（记录这句后，我想到一句话作为旁注：教师需要尊重，但是首先需要自尊。）……

互动环节，我举手发言，谈了对傅先生引用《圣经》里的"你必点燃我的灯"的理解。我说，真正的教育，就是心灯的点燃。我谈到刚完成的《幸福教师五项修炼——禅里的教育》一书，并通过一个禅门故事说明，美好的教育应该是对师生生命的彼此成全。原本，我想推广凌宗伟兄那个观点的，但由于时间关系，省略了——跨年诗会时，有感于他对民国教育的发现，宗伟兄曾感叹："我们其实并不需要什么进步，而只要退步，退回到民国教育，我们的教育也要比今天好得多。"

随后，还有曹玉辉校长的报告，讲乡村学校没钱应该怎样办，我记住了他所说的"行走在意义的世界里"。还有王艳芳老师的报告，讲她的教育写作经验，我记住了她所说的"有魔法的尖毛草"。而来自江苏华阴华士小学的两位老师，则讲她们学校的阅读教学，这让我更坚定了在阅读推广方面作更多努力的决心。

与以往的会议不同，这次更侧重课堂。所以第二天全是听课。中学、小学都有，涉及数学、语文、科学、美术。印象最好的，是黄欣雯的故事课；印象最深的，是宋月娥老师的语文课；感觉最亲的，是我带去的格子的美术课；最有意思的，是文质先生的"承接课"——我主动申请，当了一盘他的学生，并两次举手发言，按他的说法，我"对会议是有所贡献的"。

这让我略觉安慰，至少没白吃主办方的招待——有时想，作为教育人，能对教育有些微的影响和改变，也是好的。哪怕只是让一堂课变得慢些，再慢些，更符合教育的本质。而这样的努力，我们都可以做到。正如文质总结李军报告时所说："每个有理想的教育人，都可以是自己的教育部，既是部长，又是教师，甚至是教育的总理。"

总有美好的遇见和发现

2010年7月，在江苏南通的"生命化教育论坛"上，一位来自甘肃的农村教师给人留下了深刻印象——为亲聆生命化教育的美好言说，他自费从甘肃到通州，坐最便宜的硬座，住最低廉的旅馆，吃最简单的饭菜。而在学校，他一周要上30多节课，教学科目不同，上课地点不同，甚至相隔十多里地。尽管累，但是他说，一看到读书的孩子，就满心快乐。

许多参会者记住了他的名字：贺多鑫，并因他对教育的痴迷而满怀敬意。

在冰城，这样的故事再次发生，只是主角来自河南漯河，也是农村教师，也是不远千里。他所要朝拜的专家，他所要聆听的报告，在当地不受重视，领导甚至说"无用"。所以，他私下调课，请假，自费，坐了一天一夜火车。他不是诗歌发烧友，但他参加了"跨年诗会"，朗读了自己写的童话——每当班里孩子出状况，他都以童话的方式和孩子交流，而非讲述大道理。更多的时候，他安静地坐着，聆听。他说，他想一直在那里坐到天明。

但他没能。因为他带着女儿——暑假期间，到安徽铜陵参加生命化教育研讨，他也是自费，坐火车，也是带着女儿。那个乖巧、朴素、豁达开朗的妞妞：她穿着现在孩子大多不穿的花棉袄，成为整个活动中最抢眼的风景，自然也成了从福州过来的"好色之徒"水为刀兄镜头里的焦点——离开前一晚，我们挤在水为刀的手提电脑前，看着与妞妞有关的一张张照片，那纯净的眼，质朴的神情，略带羞涩的笑，看得人心里微微的暖和软：也许，孩子的可爱，正是因为父亲的可爱，因为父亲对美好教育的追随和理解。

他叫陈伟华。在"1+1教育网"，他是"月来室主人"。按文质的解说，或许"只有月亮升起来的时候，他才有一点闲暇，但是他又把自己当成主人，其实他有着强烈的自我意识，责任意识"。他是自己命运的主人，也是教育主人的一员。

更令人感动的，则是严中慧和刘尔笑之间的友情——为了见到"活的"尔笑，小严从去年开始攒钱，以便给尔笑买机票。临行前，尔笑还出了差错，12:40的航班，她12点还待在家里。小严只好退票再买。一见面，她们就像历经劫难的亲人重逢，紧紧抱在一起。

随后，尔笑一直住在小严家里。无论出入会场，还是逛街，或者到亚布力滑雪，她们都形影不离。某次晚饭后，小严跟我谈到尔笑的种种，黯然神伤，不断自责，她觉得，是因为自己还不够好，才让朋友不够好——这个东北娘们儿啊，那一刻，让我特别伤怀，也特别感动，为她那浓酽的温情，柔软心怀里的爱。

"我愿意相信，生命的美好，很多时候就是为了更多、更美好的遇见和发现，有时，可能是惊鸿一瞥，有时，则可能是与那些美好的人儿，一次次的重逢和约会。"曾经说过的话，忍不住重复，只是想说——在生命化教育的道路上，总会有这样美好的遇见和发现。

因为这是通往美好教育的道路。

出发前好些天，文质曾短信问及行程，最后一句回复是："我们一起哈尔滨。"和朋友分享，以川话语调一读再读，笑翻一大桌人。见面后，曾向他请示，要借他的话为题，记下冰城之行的感受。现在，总算是完成了，在离开后的第 N 天夜里。

　　现在，我们共同记得了哈，尔滨……

2012 年 1 月 8 日

乘一辆慢车去银川

1

单纯的四位数：1718，看上去很吉祥，但是这样的列车，在高铁时代的中国，速度可想而知。从绵阳到银川，1525公里，行程要近30小时。但不能不坐，因为只此一趟——票价还算便宜，硬卧不到200元。只是物以稀为贵，一票难求；跟相熟的"黄牛"多次联系，临出发前一天，才拿到4张票，每张，给了30多元手续费。

候车时，就听熟悉线路的人说车况糟糕。上车后才发现，车厢内居然有积水，因为从成都来时，下过大雨。车窗开着，自然没有空调。去茶炉室打开水，还是煤炭锅炉——这样的车，很多年不曾坐了，真不知道，30小时下来，会是什么滋味。

刚下过雨，却没能退凉，加之上车时的紧张、忙碌，感觉特别闷热。见不少男士赤膊，顾不得斯文扫地与否，便径直脱掉上衣，一直裸到当天晚上，正所谓"天热无君子"。

2

此程举意，是因为刘艳——去年南通晤面后，我们有了联系和合作：她所在的"梦想行动国际"，专注于乡村教育和阅读推广，经过考察，在我推荐的园艺小学建了"梦想图书室"。我们因此有了更多交流；然后，我与"中国滋根"接上头，正考虑阅读推广的项目。

"梦想"和"滋根",都是公益机构,所做的,当然是公益事业。我所以热心于此,是感觉在学校教育层面,阅读应该是最重要的学习。学校所能教给学生的最重要的东西,莫过于阅读兴趣的激发,阅读习惯的培养,阅读行为的保持。

得知"基础教育跨越式发展创新试验项目"将在银川召开第八届年会,刘艳主动提出,如果我愿意去,她可以帮我解决交通费用。"跨越式项目"的主持者何克抗先生,是北师大教授,国内信息技术教育方面的专家,八九年前,曾被邀请到我区作过讲座。而他所做的这个试验,主要针对西部贫穷地区,从阅读入手,改变课堂结构,我很感兴趣。

会期是暑假,银川又是我未曾去过的,可趁机游玩,公私兼顾,立即爽快答应。很快,刘艳就说,已经帮我报名——行程就这样确定,于是带上刀嫂,又带上园艺小学的一位老师,他也携上了夫人。

3

依然带着书上路——保罗·弗雷勒的《十封信:写给胆敢教书的人》,佐藤学的《静悄悄的革命》。两本都心仪已久,多方搜求而未得,直到四五月份,才在"当当"发现行踪,但限定区域购买,而四川不在其列。思来想去,便厚着脸皮请朋友代购:《十封信》是木春买的,"佐藤学"是"阳光天使"陈蕾买的——从网上买下,再快递给我,真是够难为他们的。两本书先后到达,想起它们都来自福建,再次觉得福建对于我教育生命的重要。

书来得不容易,可惜一直忙于工作,没时间细读,这一回,总算有了机会。

收拾、安顿后,就躺在那张"不断移动的床上",开始读《静悄悄的革命》。很有意味的场景:长鸣的汽笛,铿锵的铁轨,微微颠簸的车厢,不断来往、说话的人群——这样的氛围里,我读的居然是"静悄悄"的东西,纯粹的教育理论,想想,就觉得有趣。

这场教育革命要求根本性的结构性的变化。仅此而言,它就决非是一场一蹴而就的革命。因为教育实践是一种文化，而文化变革越是缓慢，才越能得到确实的成果。

在专为中文版写的序言中，佐藤学如是说。尽管是差不多十年前的话，而且主要针对日本教育，但对于今天的中国教育，依然是及时而宝贵的，清醒而理智的，依然切中中国教育今天的肯綮——我曾说过，不喜欢把"革命"这样暴力、凶悍、摧枯拉朽的词语，用在温润、优雅的教育上面，但是因为他说的"缓慢"和"静悄悄"，我愿意勉强接受。

三年前，我开始"与张文质的灵魂相遇"，正是基于对他"教育是慢的艺术"的认可和服膺，虽然我不知道他的观点是否受启于佐藤学。2009年初，他应我之邀来绵阳讲学，问我主题时，我不假思索：教育是慢的艺术。

因为我们的教育，实在是太浮躁、太急功近利了。

4

车上，不断有人谈论温州动车事故——毕竟还不到一周，而且那样大的灾难，又关系到火车，在这样的场景里，成为谈资，是理所当然的。但我没有参与，只是偶尔会从佐藤学的叙述里斜逸出来，胡乱冥想，或发一会儿呆。

速度，算是近30年来中国的高频词——从"深圳速度"开始，这个习惯了"老牛拉破车"的民族，恍若突然间从漫长的噩梦中醒来，发现身边的人都跑得那么快，不禁开始猴急：多快好省，大干快上，恨不能一口吃成大胖子，恨不能一锄挖个金娃娃。时间就是金钱，所以要提前，要提速，要提升，所以要翻番，再翻番，所以要快，要更快。不只是GDP，也不只是CPI，连"百年树人"的教育，也被染上这样的时代病：千万不能让孩子输在起跑线上，课堂要优质还要高效，要更高、更快、更强！

有次在上海，为了赶时间，也为了体验，我曾坐磁悬浮列车到浦东机场：因为速度太快，窗外道路倾斜，景物扭曲，整个世界，在那一刻，很魔幻，也很变态。我不知道，那些晕车的人，那些脑平衡不好的人，会是什么感受。我只知道，那时候我的感觉，在新鲜之外，更多的并不是舒服。

"坐普车要脱轨，坐动车要追尾，坐飞机要坠毁，坐汽车要碰上劫匪。"这是刚刚看来的段子。说的是中国交通，又何尝不是社会现实？我们的GDP在不断攀升，我们的经济总量已经全球第二，可是，我们的幸福指数呢？我们每个人的生活感受呢？

"在莫斯科谁能快乐？"很多年前的苏联小说，被莫名想起——时代列车太快，也许难以顾及所有人的"情感态度价值观"，可是，如果忽略了人的感受，如果没有了人，速度还有什么意义？

这样想就觉得，坐一辆慢车到银川，参加这样一个有关教育的会议，也许是再恰切不过的事。而在喧闹的车厢里，浸入佐藤学的"静悄悄"，也实在是别有意趣。

5

想到"浸入"，不禁想到安徽铜陵——那里，也有一个教育方面的活动，张文质为它命名"浸入"。这两个字，有种温润的感觉，从容的感觉。我以为，这既是他对"慢的艺术"的持续推进，也是他对这个"速度崇拜"时代的继续反动。

开始时，也曾犹豫，纠结。想去铜陵，毕竟那里有张文质，有很多熟悉的名字和面孔，有很多能够应和的声音与灵魂。同样是远方，那里更值得向往，更让人牵挂。但是，最终选择银川，正是因为熟悉——熟悉的地方并非就没有风景，但陌生的地方，对我似乎更有吸引力：我愿意每次出行或游走，都有不同的风土和景物，不同的见闻和感受。

而且，我固执地相信，那些已经熟悉的人，已经发现和结识的人，只要愿意，只要期待，就总会有重逢的机会。

6

秦岭也是我所熟悉的。这些年，出川入川，除了偶尔的飞行，这几乎是唯一的通道，必经的路途。所以，即使是夜晚，即使在梦中醒来，只要看到窗外不断明暗的光线变化，只要听到时强时弱的铁轨声音，我也知道，我在经过秦岭，穿越秦岭。

我几乎熟悉了那些山野和草木特有的气息。

但是，秦岭之于我，依然只是一个纯粹的地理概念，或者一个繁杂的文化意象：庞大，辽阔，笼统，含混。那样起伏绵亘的崇山峻岭，那样不断隐显的河流与隧道，那样高远而狭窄的天空——是的，我经历了很多次，穿越了很多次，但是每一次，都只局限在一辆或快或慢的列车上，每一次，都只局限在车窗外一晃而过的山花、野草、高高低低的树、河水、桥梁、隧道——对于它，它们，我是熟悉的，却又是陌生的。因为所谓的熟悉，不过是浮光掠影的印象，不过是风驰电掣的旁观，而没有切身的感受和体验。

"教学是充满活力的，如果我没能与教室中的一个个学生和教师共鸣的话，那么，真实而生动的观察是不可能的。"在佐藤学这句话下面，我画上了波浪线——那一刻，望着窗外的秦岭，我似乎又想到了教育。

7

虽是教育理论，佐藤学的表述却诗意而新鲜。即使在喧闹里，也能让人"静悄悄"。

他说：没有哪个教室和其他教室飘溢着完全相同的气息，有着完全相同的问题。他把那种将学生的"主体性"绝对化的倾向，称作"神话"，而且是"悬在半空中的'主体'"。他认为，那种"发言热闹的教室"里的风景，只是一种"假象"，而教育，应当追求"用心地相互聆听的教室"，美好的教室，应当是"润泽"的——"那种安心的、无拘无束的、轻柔滋润肌肤的感觉"，他说，"教室里的每个人的呼吸和其节律都是那么的柔和"……

这是他的想象，也是他的期望——前段时间，他应"新教育"邀请，来国内讲学，可惜我未能前去聆听。但是，我想自己或许能够感应他的呼吸和心跳：无论什么时候、无论什么地方，对美好教育和更加美好教育的追求，都是一样的。而所谓的美好教育，我愿意相信，不过就是无限地趋近教育的本质，无限地靠近人的心灵，无限地关注和用心于人的生命发展和精神成长。

8

偶尔与刀嫂感慨车况，邻铺的女孩说，她已经坐了三年。她来自包头，在绵阳那所师范院校读书——美术专业，大三，皮肤黝黑，性格开朗。早放假了，奇怪于她现在才回家，她说在考驾照。然后说到川菜、川话，说到对那座城市的印象，也说到了水污染。

这才想起，应该跟家里通电话——虽然反复劝说，一苇到底没跟我们同行，只好让他跟婆婆待在家里。不幸的是，临出发前两天，饮用水出了问题——先是网络和短信传言，说上游发大水，将一家锰矿的尾矿渣卷入涪江，影响到沿途城市的饮用水，锰超标严重。传言一起，几乎所有人都开始抢水，所有商店、超市的成品水，转眼间被抢购一空，让人想起日本地震后，因为谣传，人们哄抢食盐的情形。

但这次，政府没有辟谣。晚上六点，新闻出来，印证了传言的真实——传言上午就已开始，新闻却在晚间才公布，那一瞬间，怀疑自己是否真的生活在这样的速度时代。

当然，政府也有措施：迅速调集成品水，往各小区运送井水——干净的水，在那一两天，突然成为稀缺品，成为馈赠好友的礼品，想想，也很有意思。更有意思的是，那一两天，在大街小巷，你都可以看到拎着水桶、水瓶，甚至电饭锅去盛水的人，而那些自行车、电动车的后架上，几乎都捆着一件件成品水。

干净的水，从来没有想到那么美好、珍贵的水——这样的感叹，在列车进入甘肃后，看到那些光秃秃的梁峁峦川时，又有了别样的意味。

9

也许临睡前喝了茶的原因，熄灯后很久也未能入眠，辗转反侧，干脆下床，凑在车厢连接处的灯光下，继续"静悄悄的革命"。

窗外一直黑漆漆的。偶尔，车厢顶上会传来特别尖利的、仿佛有人用高速切割机撕裂铁皮的声音，瘆得人心里发毛——我知道，那是因为车在隧道里。我还知道，车仍然在庞大的秦岭里穿行——每次转弯，车厢连接处就会发出沉闷、巨大的钢铁撞击声，让人以为出了故障。每当那时，我便会停下来，茫然看看窗外，虽然除了漆黑，什么也看不见。

再次想到秦岭——我不知道，这是第多少次穿越，我也不知道，还会多少次穿越。想到今生，可能很难有机会去亲历：在山野行走，在水边漫步，凝视一朵花，触抚一片叶，不禁有些伤感和怅然。

只好转念：毕竟，我在经过，在穿越——不只是地理意义上的秦岭，还有历史和文化层面的秦岭。通过一次次的经过和穿越，一次次的观看、审视和冥想，虽然没有亲历的切身感，却有因为疏离和想象而带来的丰富和敞阔。

10

佐藤学说——

> 我认为，要让学校改变，至少需要三年。第一年，在学校里建立起教师间公开授课的校内考古体制；第二年，提高研讨会的质量，以授课方式和教研活动为中心，重新建构学校的内部组织、机构；第三年，以学生和教师有目共睹的转变为依据，把新的授课方式和课程设置正式固定下来。

尽管如此，到最后，他依然显得谨慎："通过如此三年的教研活动，学校就可能成为一所像样的学校了。"可能，而不是必然，或必定，因为他知道，"学校是一个顽固的组织，不是靠一两年能改变的"。

不禁想起区内的那所农村小学。校长在那里一待七年，几乎悄无声息。但是有一天，他突然邀我去听课，尽管只听了两节，感觉却非常震惊：那样一所农村学校，却把郭思乐的"生本教育"做得像眉像眼的，那样的四五年级学生，却把小组讨论、汇报交流，搞得有声有色的——现在看，那似乎正是佐藤学提倡的"活动的、合作的、反思的学习"。

听课后跟老师们交流，几乎是下意识的，我讲到了"静悄悄的革命"。我跟校长说，要专为学校写一篇文章，就叫"一所乡村学校的静悄悄的革命"——虽然现在仍未动笔，但我已想好开头。因为那校长告诉我：在当校长七年后，他终于意识到要"办适合自己的教育"。

11

天亮时，车到兰州。气温一下子降到十多度，虽然西北的太阳，跟想象中一样干净、明亮。套了夹克，站在窗前，长时间望着窗外，那渐渐荒凉起来的大地，那样辽阔、那样新鲜——那是我不太熟悉的风土和景致。

看得久了，不免觉得沉闷：车行了很久，窗外的风景仍是那些元素——风化的山岩，稀疏的草，几乎很难看到树和人烟——高原的景象，未免单调，虽然那单调，称得上庞大：也许正是因为那庞大，才让景致的改变，显得异常缓慢？

中国的教育，是否也是如此？

在缓慢中，列车终于进入宁夏，窗外的景深也渐渐丰富。而在中卫、中宁一带，大地真正呈现出"塞上江南"的征兆——在一掠而过的农田里，我居然看到水稻，看到芦苇，当然，更多的是西瓜、枣树和葡萄。

那一刻，心里有些微的激动和欣慰：近30小时的漫长颠簸后，宁夏就在眼里，银川就在眼前——再慢的列车，只要不断向前，也能带来美好的景致，也能把你带到美好的地方。慢慢感受这一过程，经历和体验才会更加丰富。这正是我不喜欢乘飞机的原因之一。

快有快的便捷，慢有慢的好处。世间事，大抵如此。

2011年7月30日于宁夏永宁县望远镇兰花花国际大酒店

推动阅读的手，就是推动未来的手

因为某种机缘，从 2010 年开始，与一些 NGO 组织有所接触和联系。我知道，随着公民社会的演进，这样的 NGO 组织，其实已经非常多。而我所乐意接触，并不断走近的，大多致力于校园阅读推广和乡村图书馆建设。或许，还是"物以类聚，人以群分"之故罢。

最先接触的，是"梦想行动国际"的刘艳。2010 年 7 月，在江苏南通的"全国生命化教育论坛"上，我们都作了大会交流，主题又非常接近：我讲教师的专业阅读与写作，她说校园阅读的理念和推广——她的话题让我很感兴趣，"梦想"的做法，更是让我怦然心动，暗自欢喜。因此会上有交流，会后有联系。而就在这交流与联系中，我们做了一件大家都想做的事：经过考察、协商，"梦想"在我所在区域的一所乡村学校——园艺小学，捐建了"梦想书屋"。为期三年的项目，第一年的建设，很快就顺利完成。

在"梦想"的撮合与引荐下，我与"中国滋根"也搭上了线。今年 5 月，参加了由心平公益基金会组织的"第二届乡村学校图书室与阅读推广研讨会"，由此接触到更多的 NGO 组织：真爱梦想、立人乡村图书馆、天下溪、陈一心家族基金会、一公斤捐书网、担当者行动……它们对教育的关注和思考，它们对校园阅读的理解和定位，它们对乡村图书馆建设的激情和梦想，策略和推动，既让我感动，又让我震撼，更让我佩服。

这些年来，无论是自己，还是所接触的教育中人，对于中国教育的现实和问题，都有很多了解、感受。但是更多的时候，我们都仅止于议论、抨击、指责、抱怨，而少有建设性的思考和意见，更别说积极的行动和持续的努力。我们太习惯于做"语言上的巨人，行动上的矮子"。而其根本原因，或许正如心平公益基金会秘书长伍松所说，因为我们"不相信"——"不相信问题能解决，不相信领导想搞好教育，不相信在这个系统里自己还能做什么，不相信还有'理想主义'这回事"。因为不相信，所以无行动。

而他们仍然"相信"——他们相信，问题总能得到解决，不能彻底改变，但一定能有所影响；他们相信，总有一些事情，是通过大家的努力，能够做到的；他们相信，在当今时代，依然可以有"理想主义"存在，依然可以有"梦想"存在——有理想，有梦想，就有实现的可能，甚至，如伍松所说，"只要相信，就有可能"。

他们不约而同地选择了"阅读"，或者说，他们因为"阅读"这一共同的选择，而聚合在一起，像沙与沙，像水与水，像花朵与花朵，像朝霞与朝霞——这是一种美好的聚合，因为它是朝着未来、朝着梦想、朝着可能、朝着明亮的聚合。聚合就是力量，聚合就是改变。而当我们聚合于美好的事物身边，我们本身就会变得美好。

对学校教育而言，阅读也许不是"一切"，但阅读是"一切"中的"一"，是必要的基础，更是重要的保障。孩子到校学习叫"读书"，这就需要"阅读"；教师登台授课叫"教书"，就是教孩子"阅读"。无论哪门学科的学习，首先要从"阅读"开始——对文本的认识和理解程度，决定着孩子的学科学习状况："阅读能力"强的，一般说来，学习能力都不会太弱，而那些学习能力弱的，往往是因为"阅读能力"以及由此而来的"理解能力"不济。

因此我曾经说过，优秀教师与一般教师的区别，主要就是看他们是否读书，读什么样的书，怎么读书。而一个孩子，不管他多么调皮，多么令人头疼，只要他喜欢读书，就不会糟糕到哪里去。我甚至觉得：作为家长，最能送给孩子的，就是陪伴他们读书，让他们养成阅读的习惯；作为学校，最能教给学生的，就是鼓励他们读书，让他们保有阅读的兴趣；作为教师，最能留给学生的，就是传递给他们读书的方法，培养他们阅读的能力——这些东西，才是真正的素质和能力，这些东西，才是真正能够让孩子受益终身的。

遗憾的是，在今天的中国，阅读状况实在堪忧。不仅社会阅读风气淡薄，就是在学校里，连做教师的，也少有人读书。很多教师家里，除开课本、教参、试卷、练习册外，可能再没有什么藏书。这或许是中国最滑稽的事情——教别人读书的人，自己却不喜欢读书。一个人不可能将自己没有的东西交给别人，一个不喜欢读书的老师，怎么可能让孩子喜欢读书？怎么可能教会孩子读书？一个没有"阅读力"的孩子，他的教育之路又能走到多远？他的人生之路能够丰富到什么程度？

面对被应试、成绩和所谓的质量弄得千疮百孔的教育现实，我曾感叹："我们在努力地创造未来，可是我们的创造没有未来。"

好在已经有很多有识之士，看到了问题的严重性和紧迫性，并以各自的行动，在努力改变。"新教育""亲近母语""跨越式教育""生命化教育"……近年来在全国广有影响的民间教育变革，莫不以鼓吹、强调"阅读"为主——童谣，绘本，晨诵，午读，海量阅读，经典诵读，教师专业阅读……琅琅书声，逐渐成为美好教育的风景，真正让人沉醉的风景。

尤其让人感动的是，还有不少NGO组织和众多的志愿者，在以热情和汗水，不遗余力地为推动"阅读"而辛勤奔走。他们的眼光和脚力，更多地投向于遥远的乡村，投向于这个国家最为贫穷的地方，那些时常被我们遗忘的山寨，那些偏僻寥落的乡村学校——他们跋山涉水，走村访寨，或出钱，或出力，或出主意，或出热情，乡村阅读的星星之火，正在他们的助推和助燃下，不断蔓延，像春天的花朵一样，美好地蔓延。

"推动摇篮的手，就是推动世界的手。"这话，不知道谁说的，我非常喜欢。在与那些NGO组织的接触中，在与那些志愿者的交往里，我时常感叹于他们的努力和付出，感叹于他们对中国教育和未来的关注与助力。有时觉得，这句话，仿佛就是专为他们而说的，只需改动其中两个词语——推动阅读的手，就是推动未来的手。

感念于这种推动，在规划和实施"中国滋根"为我所在区域做的"爱的书库"项目时，我把自己也主动归并到"志愿者"的行列里了。我愿意这推动里，有我绵薄的力量。因为我知道，这是一种多么美好的推动——心存美好，就会变得美好。

2011年11月27日

教师，在行走中成长

2007年春天，发布"知行社成员征召令"，准备筹建教师民间团队时，我对教师的身份和角色，有这样的理解和认定：既是知者，又是行者。我如此解说：所谓"知"，既指求知，即知识的获得，也包括获取什么样的知，怎样获取；所谓"行"，则是人对外界事物作用的过程，这既指对"知"的运用，也要解决做什么、为什么做和怎么做的问题。

我当然知道，知与行，既是哲学、文化命题，也是社会、人生命题，从学理上讲，宏大而繁复。但是，为了避免陷入"先知后行还是先行后知""知易行难还是知难行易"之类的论辩和纠缠，我干脆采用了含糊、笼统的说法："我们走在一起，想要探究的是，如何更好地求知，如何让知更好地引领我们的行，如何让行更好地验证我们的知，最后，就是如何以知行一体，促进我们的专业成长。"

这样的说法，有些理想化，但我始终觉得，教育本就是理想主义者的事业，教师应当始终保有理想主义的激情和梦想。

那时，我对"行"的理解，更偏重于"行动"（如我后来所说：教师既应是行动者，也当是思想者），所以，知行社九年时间的运作，始终坚持"专业读写生活"，在藉由阅读、写作、思考、交流以提升自己的同时，我们也关注和立足课堂，通过一次次"送教"，跟更多同仁一起观课、议课、研课——我们以这样的行动，营造着我所谓的"局部的春天"。

这样的行动，其实也是一种"行走"——知行社成立起，我就反复强调一种行走感、道路感，包括后来的高远感、抵达感。首周年作品选序言里，我说："从春天开始，迈着自己的步幅，我们将再次出发，向着无尽的岁月，向着知行合一的专业成长之路。"九周年作品选序言里，我说："远方，依然是我们的梦想，我们的方向，只是应该有更为具体、明确的目标，通过行走、能够抵达的切实的目标。"九周年庆典"例行讲话"时，我说："谁也不知道未来怎么来，但是我们可以为未来设立一个可能正确的方向，一个能够抵达的目标。"

其实，这也是我们始终坚信和秉持的理念：行动就能改变，行走就能抵达。

行走，必然体现于具体的道路。这里的"道路"，并非比喻，而是指实实在在的路，脚下的路，通往前方风景和风险的路——这与教师的行走有关，也与教师的成长有关。"文章者，案头之山水，山水者，地上之文章。"清人张潮的这句话，是对"读万卷书，行万里路"这一古语的形象解说。在古人看来，无论治学，还是修身，饱览山水形胜，与饱读诗书经籍，胸中有丘壑，与胸中有经典，意义同等重要。

基于这样的理解，2015年，我和张文质先生共同发起和组织了"教育行走"全国首届教师公益研修夏令营。按计划，我们准备在全国招募100名一线教师，每年选择某个省的某所学校，在那里会聚，聆听讲座，交流感悟，切磋技艺，共同度过四五天快乐时光——这就是我所理解的"夏令营模式"。而所谓的"公益"，既体现在这100名教师的吃住，由承办学校负担，也体现在所有应邀到会的专家、名师的讲座和讲课，不收取报酬。

操刀具体方案时，仿佛灵感乍现，我敲出了"行走拓宽世界，读写重建心灵"这句话，作为整个活动的"关键词"和"主题句"——因为这个句子，也因为这种"夏令营模式"的构想和运作，去年7月，我们落地于四川省绵阳市火炬实验小学的首届研修活动，最后居然有22个省的300多名老师参加——除开本地学校，还有很多外地老师自费前来。

活动中，我作了名为"走宽自己的世界"的主题交流。我回顾了自己40多年的"行走轨迹"，也梳理了知行社的"行走方式"，从个体感悟到群体行动，从生命行走到专业行走，其实是为"教育行走"张目和点睛。现在还记得，我跟大家分享的三点感受：

一是行走才有辽阔。我们每个人最初的世界，其实都是狭小的、逼仄的，甚至可能因狭小、逼仄而显得灰暗、沉闷，但是通过不断行走，我们的世界会不断变得敞朗，明亮，辽阔。追溯了自己从出生的小山村一步步走来的经历后，我说，其实我们每个人都有一张自己绘制的世界地图，我们行走的足迹，会让这张地图不断被拓展，被延伸。

二是行走才有艳遇。我对艳遇的理解是：所谓艳遇，就是你自己首先要艳，然后才能遇见。如果我们让自己变得更艳丽，就更容易有更美好的遇见。这既包括美景，也包括"美 ren"（既指美好的同仁，也指美好的人，简称"美 ren"）。我说，生命的美好，就在于与那些没有相逢的"美 ren"不断相遇，与那些已经遇见的"美 ren"不断重逢。

三是行走才有传奇。读金庸小说时，我有这样的发现：一个大侠之所以能成为大侠，自己的天分和内功、遇到的高人（名师）和秘籍，都很重要。但更重要的是，那些盖世奇侠，都是在不断行走、闯荡"江湖"的过程中，才渐渐成为大侠的。没有浩阔的江湖，大侠哪怕身怀天大的本事，也会"无用武之地"，难以体现出"侠之大者"。

这样的梳理和发现，正可以看出"行走"之于教师成长的意味。

我一直觉得，教师成长包括心灵成长（精神发育）和专业成长（能力提升）两方面，而心灵成长是前提和基础。"行走"，表面看是身体的运动，实际上是心灵的修行。近些年，针对学生，都有"研学旅行"，针对老师，也应当有"研修旅行"。这并非舶来品，更非新生事物，而是早已有之，只是古人称为"游学"，不仅要游，还要"远游""纵游""壮游"——不是单纯地旅游，不是盲目地探险，更不是散漫地流浪，而是胸怀壮志，深入自然，深入民间，"仰观宇宙之大，俯察品类之盛"，既游目骋怀，又旷心怡神。

一个教师，倘能不断行走，感受不同地方的风土人情，不同状态的学校面貌、课堂风景，必定有助于他们对教育的理解和体认。所以我说："教育需要静守，教师需要行走。"但是，在目前的体制下，每个教师都被局限于某个区域，某所学校，某间教室，每日所见都是熟悉的同事，熟悉的学生，熟悉的事情，熟悉的风景，他们的生活世界和精神世界，都容易变得褊狭、逼仄——这势必影响到他们的胸怀、视野、格局和气象。

一个校长朋友，上任之初曾跟我说：任职期间，他要让每个老师都坐一次飞机。我问他何以会有这样的"执政目标",他说,当一个人坐在飞机上,看看窗外浩瀚的云海,看看脚下辽阔的大地,他的很多感受都会改变——置身高空,与置身大地,感觉肯定不同,尤其是第一次,很多在大地上看起来非常重要的东西,在那个时候可能会变得不那么重要。

通过这些年对教育的观察和考量,我深切意识到,教师的专业成长,也应当像"江湖大侠"那样,在不断的行走中,丰富自身的经验和识见——遇到更多高手,听到更多课,才可能在"切磋"中提升自己的能力;看到更多教室,更多讲台,才可能在"琢磨"中反思自己的行为,为自己的教育提供更丰富的背景,更丰厚的素养。

这样的意味,固然可以通过广泛的阅读实现,但是,"读万卷书不如行万里路",行走之于教师,甚至,行走之于每个人的心灵成长和精神完善,都有其不可替代的意义。用苏辙的话说,就是"求天下奇闻壮观,以知天地之广大"。当广大的天地呈现于眼前之际,当浩阔的世界汇聚于胸次之间,相信我们的生活与精神,都会有别样的面貌和气象。

2015年7月19日,首届"教育行走"大幕的拉开,始于晨诵时的一首小诗:席慕蓉的《一棵开花的树》。随后主持的环节,我临场发挥说:如何抵达"一棵开花的树"?行走,行走,不断行走!随后几天,经过反复渲染和阐说,席慕蓉的这一意象,被我赋予了更新的意味:教师本就应是"一棵开花的树",每个教师,都可以把自己"走成"一棵开花的树。

这样的行走过程,正是教师的成长历程。这样的行走方式,也应当成为教师的成长方向。

2016年5月18日于绵阳绿岛

赏读：光影中的教育

比知识更重要的是心灵成长
——电影《心灵捕手》札记

人生之路漫长，紧要处只有几步。而最紧要的，莫过于青春期。这是人生命敞开、思想生长、精神发育的重要阶段。理想与现实，甜蜜与哀愁，成熟的欣悦与疼痛，选择的坚持与放弃，再强大的心灵，面对这些问题，都会有不同程度的迷茫与困惑。大多数人能顺利通过这段旅程，一步步进入人生佳境；但也有一些人，没能蹚过这条河流，而搁浅在青春的中途。

人成长岁月的这段时期，往往在校园里，与学校、教师有莫大关联。所以，青春期教育，一直是教育的重点、难点和热点。关注青春，就是关注教育，就是关注未来。

美国米拉麦克斯公司11年前出品的这部《心灵捕手》，一直被我喜欢和看重，首先是因为它的主题：如何帮助、引领青年人走过青春期——并不新鲜的题材，也没有太激动人心的场面，但静静看完，眼里满是闪跳的光。因为这光给人的温柔和触动，我逢人便推荐。也因为这光的热切和震撼，我多次观看，反复观看，感悟和体会也越来越切实。

1

这是一部有关问题学生的电影。对这类孩子，在我们的教育里，一直有着言说的禁忌，先后用过种种概念去指称，以闪避侮辱和歧视。这类人却始终存在。要么是愚笨至极，除成绩不好，其他都没什么，这大多是先天智力问题，教不好；要么是智商奇高，在某些方面卓异常人，但在思想

赏读：光影中的教育

品德或心理健康方面，存在严重障碍，不好教。对于前者，只要不作成绩方面的过高要求，一般不需我们太费心思；后者，不仅会时不时有这样那样的过激言行让我们头痛，就是在知识方面，也常常让我们尴尬、难堪，因为这类学生，往往是偏才，甚至是天才——我说过，天才不可教，白痴教不会，教育，只能教"中才"之辈。

不过，这里的"不可教"，更多是指知识的授受。而在心灵成长方面，天才，或许比一般资质的人，更需要教育者的耐心、细致、智慧和温情。

就像这部电影中的威尔。

他是孤儿，从小被亲生父母遗弃，后来又受养父虐待，缺乏家庭的温暖和爱，在波士顿南区的贫民窟长大。不幸的家庭状况，痛苦的早年生活，使他极度敏感、自卑，对任何人都不轻信。一方面，他非常狂妄、张扬，另一方面，又非常固守、自闭。他把曾经的伤痛和耻辱，遭遇和不公，都归咎为自己的错误，封存在内心深处。他身上体现出来的既百般防御，又四面出击的矛盾和破绽，正是这种心理的典型体现。

影片开始，他已长大成人，住在出租屋里，但是童年的阴影仍在，伤害和侮辱仍在，他对人群的仇视和敌对仍在。他聪明绝顶却叛逆不羁，他褊狭敏感却外强中干。他易记仇，爱报复，躁怒起来便无所顾忌。他用不断的打架滋事来宣泄，他以法律的漏洞为自己辩护。由于曾经被抛弃的经历，他学会了自我保护和伪装：装作对什么都不在乎，也不让任何人走进他的内心；因为害怕被抛弃，所以总是在可能被别人抛弃之前先抛弃别人——当女友史凯兰哭泣着要他说"不爱"时，他也镇定平静地说：你走吧，我不爱你。

因为数学方面的天赋，他被兰博教授发现。在他因打架滋事而被法庭宣判坐牢时，兰博为他求情保释。作为条件，他必须跟随教授研究数学、定期接受心理辅导。数学难不倒他，但他对心理辅导却特别抗拒，因为他的心扉已经上锁。教授请来的好几位心理专家，都被他羞辱得落荒而逃。直到遇见尚恩——面对这个不知所措地逃避生活的年轻人，尚恩发现，他的所有作为，都表明他还无法正视痛苦的往事，还未能确定生活的目标，他的才华在反叛和固执中，被白白浪费。他要想方设法，唤醒他的自我意识，引导他直面人生。

结局是意料中的：威尔在尚恩的引领下认清了自己的症结，认识到爱和存在的意义。威尔长大了，成熟了，能勇敢面对生活，并努力追寻自己的人生。

面对威尔这样的学生，我们常常陷于道德教育的困境，因为我们习惯认为，他们是思想品德有问题，习惯以德育代替心育，以道德要求代替心灵抚慰。但事实上，他们的所有问题，其实都是因为心灵，属于心理问题——他们敏感、极端，随时像刺猬一样，张着挑衅的毛针，又随时准备紧紧缩成一团；别人无心的话语，无意的表情，都能触动他们的神经；他们渴望被人接纳，最终却与人群渐渐远离，进入"我都对，别人都错"的怪圈，形成"世界都是残缺的，只有自己最完美"的认识，不愿改变，不敢改变，不能改变。

就像威尔，他对曾经的耻痛无法释怀，并投射到现实生活。他想要证明自己的价值，却又无法坦然面对。强烈的自卑、戒备和被关爱的渴望，始终在内心纠结。这使他一方面暴烈如野马，另一方面，意识到伤害降临，他又会像蜗牛一般，迅速将触角缩回壳里。

其实，他只是还未遇到自己的心灵捕手——一位更加具有智慧和热情的长者。

2

人的成长，包括两个方面，一是身体器官的发育，二是思想心灵的成熟。前者多半依赖家庭父母的哺育，后者却需凭借学校教师的提点。换句话说，教师应当自觉承担起学生思想与心灵成长的责任。尤其像威尔这样聪明而叛逆的，引导他们正确看待问题，正确面对人生，往往比知识的建构和世俗的成功更为重要，也更为艰难。

遗憾的是，我们目前的教育，在这方面有着严重缺失。很多时候，我们并未意识到"教书育人"四字的意思：我们只管教书，而忽略育人，只注重知识的授受，而忽略学生心灵世界的建构，甚至以为传授知识就是教育的全部。基于此，我曾说：只知道教学的，是教书匠；能关注教育的，才是真教师——只有真正明白"教书"不过是"育人"的手段之一，才算领悟到"教育"的真谛，才能成为真正的"人师"。

"经师"与"人师"，影片中的兰博与尚恩，正好是这两类教师的形象代表。

兰博的爱才惜才，令人感动也值得敬重：他明知道威尔的天才会掩蔽他的光芒，但他不仅不嫉妒他，诋毁他，扼杀他，反倒倾注全部心血去培养他，想使他更为出色和强大。他不忍心威尔浪费才华和生命，他期望威尔能像自己一样成功。只不过，他所看重的，只是世俗价值向度上的成功——在他看来，威尔天生就该去解决那些高深的难题，或帮助FBI破解敌国的军事密码，以扬名立万，造福世人。

这原本无可厚非，但是严重忽视和违背了威尔的意愿，而且过于一厢情愿，急功近利。所以，他对威尔的帮助，其实是让威尔缩回自己的壳里。而当威尔再次爆发，最受伤害的就是兰博自己。他为威尔安排面试，威尔并不领情，因为他不需要。他看了威尔的答案，想问威尔有没有另外的可能，威尔不耐烦地说：这就是正确答案，对兰博"做不出"这些题而出言不逊，并烧毁了答卷。兰博扑灭火后哀叹："我常希望没遇到你，这样我夜里就能睡得着，不用惦记有个像你这样的人。我不必看你糟蹋天赋。"——那种沮丧和痛苦，让人对他既满怀尊敬，又不禁心生怜悯。

与兰博不一样，尚恩更关注威尔自身的需要。尚恩出场，就和兰博有鲜明对比：兰博始终着正装，尚恩却一直穿便装；兰博很注重讲课的语言，尚恩却把医患间的信任和与女人上床联系——不难看出，尚恩博学而不死板，严肃而不拘泥。这样的脾性，似乎更对威尔的胃口，所以他能与威尔进行有效的交流沟通。

影片中有一场戏，体现二者的分歧：兰博觉得威尔天分高，应当给他指明方向，让他尽快成就事业。尚恩却认为不能逼迫，不能操纵，应当让威尔自己发掘，自己选择，让他明白自己想做什么，而不是该做什么。

兰博对威尔的帮助，更多是任务安排，强行推动，尚恩却是以真诚与温情去影响和触动他。兰博的帮助很生硬，缺乏理解与同情，因其强势，时时招致威尔的反弹。尚恩的温和、细致、随顺、耐心,更人性也更容易被威尔接受——对待威尔,他不像其他心理学家那样教条、死板,而是想方设法让威尔逐渐接受自己,愿意坦露自己。

他们的第一次见面其实并不愉快:威尔从画作中窥探到尚恩对感情的看重,狂妄地指责和发难,让尚恩无法忍受,在暴怒下赶走了他。经过一夜思索,尚恩找到了威尔的症结,第二次见面时,他把威尔领到湖边,以威尔的"知"和"不知"为切入点,通过自己刻骨铭心的人生体验,否定了威尔一向引以为自豪的"所知"——博览群书而缺乏真实丰富的生命体验,这正是威尔的死穴。

就双方的心理角力而言,这并非根本性胜利,却是决定性的一步。看似不经意的举动,看似无用的一番空谈,却收到良好的效果,或许,正是因为尚恩的姿势得体,方式得法——尚恩以其亲切和真诚,逐渐接近威尔的心理防线,贴近威尔表面顽固、实则脆弱的内心世界。尚恩的那番话触动了威尔,甚至颠覆了威尔的世界。但威尔不仅没有暴怒,没有拂袖而去,反倒在尚恩离开后,陷入久久的沉思。

"我不能靠任何书籍认识你,除非你想谈自己,谈你是谁,那我就着迷了,我愿意加入。"尚恩向威尔发出邀请,眼底满是坦诚和热切。

但是,威尔仍然拒绝真情实感的表达。除好友查克等人外,他仍以防御和攻击心态对待他人,包括心爱的女友。影片中多次出现威尔一个人坐在夜行火车里的镜头,那种落寞、孤独、静默,隐含着他自卑、自负、茫然无助的复杂心境。

3

就教育而言,知识的传递和接受,比较容易。心灵的成长,思想的提升,精神的发育,则艰难得多。我曾经说,教育其实就是简单的复杂——简单,是指教书;复杂,是指育人。这种复杂既因为它所涉及的对象,是世界上最复杂的生命,同时也因为一个生命要真正建构好与世界的关系,这个过程很艰难,充满波折和反复。而要矫正一种错误的世界观,其过程,比正向的引领和建构更加艰巨困难。

兰博最先请的那些心理医生,他们的失败,或因方法不当,或因姿态错误,最重要的是,面对威尔这样严重自我封闭的人,他们太缺乏耐心和期待,他们几乎都是一蹶不振,一旦受挫立马落荒而逃。而真懂教育的人都明白:教育就是慢和等待的艺术。尚恩就是如此——他像一个机敏而富有智慧的捕手,极有耐心地慢慢接近威尔,以自己的真诚获得威尔的信任,最后捕捉到威尔的心跳,帮助他敞开胸怀,拥抱生命。

尚恩与威尔的情感互动,是整部电影最重的戏份。前后八次见面,围绕威尔心灵的自我暴露与重建,尚恩与他展开了一场细腻而温和的"心灵战争"。

在第一、二次的试探、了解、冲突和攻防后,第三次,是一个小时的沉默。那应该是让尚恩尴尬、难堪的,但他始终微笑着,耐心期待着。第四次,威尔率先打破沉寂。尚恩从妻子的"小特质",谈到对完美的认识、对忠诚的看法,不时流露自己的经历和体验,这是非常重要的"共情"。尚恩告诉威尔,没有人是完美的,不要怕爱人看见缺点,爱就要包容全部,包括坏习惯。尚恩甚至指出,威尔并非十全十美。他鼓励威尔去尝试。威尔对话题刚刚产生兴趣,尚恩戛然而止,欲擒故纵地说"时间到了"。

兵法云:"攻心为上。"攻心却最耗神费时,也最考验智慧和耐心。第五次见面,围绕爱情继续展开,尚恩通过自己对重要比赛和爱情的选择,告诉威尔:曾经亲历就不会后悔,鼓励威尔关注自己的情感需要。第六次,承接国安局要威尔去工作的事,威尔谈到对战争的见解,对工作的看法,那番滔滔不绝,看似雄辩,却暴露出自己的最大弱点:虽然聪明绝顶,可以看清很多问题,却无法看清自己。正如他可以解答那么多高深的数学难题,却无法回答简单的人生命题。尚恩突然问他:"你有心灵伴侣吗——能够和你匹敌的人,触动你心灵的人?"威尔支支吾吾,尚恩一再追问,并指出威尔在故意逃避,没胆量证实自己。尚恩特别指出威尔的矛盾处:一方面大谈搬砖头应该受到尊重,做杂役并不丢人,另一方面却每天乘40分钟火车,到最受敬重的大学去做清洁工。面对尚恩的剖析,威尔哑口无言。尚恩继续展开攻势,问威尔"你热爱什么?你想要什么?"威尔随口说想当牧羊人。尚恩敞开屋门，驱赶威尔。习惯口出狂言的威尔大惑不解，连声强调时间没到，尚恩说威尔不能诚实回答，因为他在逃避自己的心灵，并以重话相击："你和你那些屁话，你有每个人都有的狗屁答案，却答不出来这么简单的问题，因为你不知道。"

威尔仍然没有勇气说出内心的想法。直到一个戏剧性场景发生：他听到尚恩和兰博的争吵，才明白他们的良苦用心。接下来的见面，尚恩以童年经历现身说法，引发威尔回忆受养父虐待的情景。尚恩准确感知到威尔的情绪变化，不断以"It's not your fault"（那不是你的错）紧逼。威尔由无所谓到认真对待，到激动恼怒，到痛哭流涕，最后与尚恩紧紧拥抱。威尔终于理解到尚恩的苦心暗示：过去的伤痛不是自己的错，自己没必要一直背着这包袱，而不肯真实面对生活，不肯接受真挚的情感，更没必要拿别人的错误惩罚自己。

这一冲突和转变的过程，漫长而艰辛，痛苦而欣悦——威尔心理防线崩溃的同时，也是他全新自我、全新生活的开始。

有一点需特别提及：尚恩多次说威尔"只是个孩子"，他温和而真诚的脸，浓密的络腮胡，增强了这个词的感染力。第一次见面，威尔出言不逊地对尚恩的亡妻说三道四，这无疑激怒了尚恩，但第二次见面，他就原谅了威尔，因为他"只是个孩子"。他明白，威尔对战争、亲情、爱情有所了解，但没有真切的体验。他狂傲，因为他"只是个孩子"。因为懂得，所以慈悲。因为懂得，所以尊重。尚恩始终把威尔当孩子看，这正是教育中尊重学生的最基本的含义。后来，与兰博发生争执，尚恩仍强调"他是孩子"。"他是一个好孩子"，就是这样简单的话，让偷听的威尔觉得自己得到接纳，获得肯定，从而向尚恩敞开了心扉。

在尚恩身上，其实也有一些问题，只是他一直不曾察觉，包括感情的困惑，对待新生活的态度。在与威尔的心灵碰撞中，尚恩有所醒悟，也有所收获，所以临别时两人才会互相致谢。当威尔开始追随自己的心灵时，尚恩也决定外出旅游，为人生"再下赌注"。这充分表明，在美好的教育中，师生的生命总是互相影响、互相浸润、互相成全的。所以最终，他们的几次拥抱，既像父子，也像莫逆。我觉得，那种互相依恋、彼此不舍的场景，是对美好师生关系的形象表述。

4

在人的心灵成长过程中，教育的作用是重要的，但并非全部，更非唯一。友谊和爱情，对于心灵的温暖、激励、提振和慰藉，有时比教育本身更为重要。

威尔出生于贫民区，在糟糕的环境里度过了糟糕的童年和少年，幸好有查克等一帮穷哥们和他相伴。他们彼此信任，抽烟，喝酒，打架，行乐。这并非颓废和堕落，而是人生不可或缺的支撑——青春岁月，每个人都会特别看重这样的友谊，不惜为此付出全部。

查克每天开车去接威尔。在威尔苦闷孤独时，总有他的身影陪伴。他帮威尔找工作，将车借给威尔以方便他谈恋爱。威尔21岁生日时，他和朋友为威尔拼装了一辆"破旧的新车"。查克很清楚威尔的才华，也明白威尔的问题和处境，甚至可以说，他最终促成了威尔的改变——如果说，是尚恩让威尔学会正常思维的话，查克的那番话，却是让威尔最终醒悟、振作的关键。

在威尔畅想未来时，查克说："20年后你如果还住在这儿，到我家看球赛，还在这工地盖房子，我会他妈的杀了你，那不是恐吓，我会宰了你。"他不想看着威尔堕落、被埋没，他觉得威尔有他们没有的天赋，也应该有比他们更美好的未来，更崭新的世界。

"我每天到你家接你，我们出去喝酒笑闹，那很棒。但我一天中最棒的时刻，只有十秒，从停车到你家门口。每次我敲门，都希望你不在了，不说再见，什么都没有，你就走了。"正是挚友这番真诚的话语打动了威尔，让他的心灵再次受到撼动。

影片最后的渲染，非常感人、暖人——查克照常去接威尔，但等了半天没人开门。从窗户望进去，屋内空空荡荡。威尔离开了，如查克所希望的那样，没有道别地离开。但查克还是愣怔了一会儿，那种失落和无所适从，那种明白过来后的微笑，那种欣慰而不舍的友情，通过他反复查看，既像确认又像眷顾的动作，得到充分体现。

对威尔而言，如果说友情使他温暖，爱情则给他激励。为他的才华所吸引，史凯兰喜欢他，他也为她动心。他们开始约会，一起逛商店，一起吃东西，一起去赌狗，一起做作业。除直率开朗的性格外，史凯兰最可爱的是，她从没问过威尔的身份来历，也不介意威尔的工作和收入。她真正地爱着威尔这个人。

但威尔是矛盾的。他爱史凯兰，是真心地爱。但是，他又因为自卑、害怕，始终不愿告诉她自己的家庭。他不敢面对过去，也不愿别人知道，哪怕是心爱的女友，他也一再闪避，隐瞒。他因为担心被抛弃，而始终抵抗着史凯兰的真情，甚至，在他觉得史凯兰可能抛弃自己之前，在她指出他懦弱的本性时，他勃然大怒，先行离开了史凯兰。

但是，爱的声音一直在，那么真诚，那么强烈，那是生命最本真的呼唤。所以，当威尔能够正视自己的内心时，他选择了去加州，去找那个女孩。影片最后的画面很有意味：路在延伸，威尔充满希望的人生也正在开始。

每个人的心灵，或许都有封闭的角落。紧紧关闭心门，外界的风雨和伤痛可能无法进入，但阳光的温暖，也会被挡在门外。只有敞开心扉，才能被阳光照耀——就像威尔，当他打开心扉，想要表达就有观众，想要倾诉就有知己，想得到爱，就有女孩为他倾心。

或许，这正是本片被港译为《骄阳似我》的原因吧。

2008年12月

让世界因我而不同

——《让爱传出去》观影手记

如果我能给三个人以重要帮助，而不求任何回报，只要他们每人再去帮助三个人，一传三，三传九，九传二十七，二十七传八十一……以此类推，这个世界不就很美好了吗？

这是美国一个七年级小孩的想法。但这并非他心血来潮，而是社会学老师布置的一项课外作业。"如果你认为这个世界让人失望，那么从今天开始，你就用自己的办法去改变这个世界。"尤金·席莫奈老师对学生们说。这样的作业，他对每届七年级学生都布置过。

"我不指望学生真的能改变世界，我想鼓励他们思考。"尤金老师说。美国教育最为人称道的，就是让孩子思考，发挥想象力，尽情体验活动的过程，充分享受参与的乐趣。

尽管绝大多数学生都觉得这个作业太奇怪，太荒谬，太困难，不可能完成。但崔佛去做了。这个长相清秀、惹人怜爱的孩子，认真而专注地完成着这项作业——他的生活，实在有些糟糕：父亲是个酒鬼，行踪飘忽；母亲也嗜酒如命，在赌场和酒吧兼了两份工。他想用他自己的方式，给糟糕的世界和生活，带来一些影响和改变。

这部电影，名字温暖而美好：《让爱传出去》(*Pay It Forward*)。

他首先帮助的是流浪汉杰利：将他接到家里，让他洗澡，让他免费吃住，将积蓄的零花钱给他，让他买衣服，理发，重塑信心，重找工作。然后，是他的老师尤金和母亲艾琳：他想方设法把俩人"送作堆"，帮助尤金获得了自信和爱情，帮助母亲戒酒并赢得了尤金的爱。最后，是有气喘病的同学亚当，因为他总被小混混欺负。

"我不在乎高分，只是想试试能不能改变世界。"他说。他期望成功，期望能通过自己的行动，"把爱传出去"。

改变世界，对一个七年级小孩来说，似乎是太过宏大的命题。但世界有我或无我，必是一种区别。让有我的世界，因我而有所不同，这就是改变。正如李开复所说："一个世界有你，一个世界没有你，让两者的不同最大，就是你一生的意义。"

对崔佛而言，爱的传递并不顺利——他沮丧地发现，他所有的行动似乎都没有成功：流浪汉杰利并未彻底戒毒；尤金和艾琳的恋情因崔佛的父亲回来而被中断，尽管后来他父亲再次离家而去，尤金却不肯改变自己的生活，更不肯原谅艾琳；亚当再次被混混们欺负时，崔佛仍然选择了退缩，眼睁睁地看着他遭人欺侮。

他失望地把自己帮助过的三个人叉掉。他自认失败了。

这是发生在拉斯维加斯的故事。不过，影片是从四个月后的洛杉矶开始的——记者克里斯在现场采访时，被亡命徒撞坏了车，困在大雨里。一位叫索森的长者，送给他一辆新车。这慷慨的赠予，让他觉得老人要么是疯了，要么是居心叵测。几经追问，才知道老人曾经得人恩惠：他女儿因哮喘病半夜发作，在急诊室候了四小时无人理睬。直到手臂被刺伤、等候急诊的辛尼谦让，并拔枪威胁护士先抢救她。索森的女儿得救了，辛尼却被捕入狱，但他无怨无悔，只期望索森能够帮助三个人，"让爱传出去"。

记者找到辛尼，帮他提前假释。从辛尼口中得知，他也曾受人恩惠。记者顺藤摸瓜，从洛杉矶追到拉斯维加斯，找到了辛尼说的施恩者——那位因长年酗酒、与男人鬼混，最终与女儿决裂、以车为家的老人，是崔佛的外婆：此前，为崔佛的行为感染，艾琳主动来看望老人，两人冰释前嫌；老人为给崔佛以特殊的生日惊喜，也加入到"让爱传出去"的队伍中。

影片中，两条线索交叉推进，相逆而行，最终碰出温馨的火花——崔佛生日时，记者追踪溯源找到了他：爱的传递，没有按崔佛所预想的路线行进，但爱本身，在众手相传中闪烁光亮。就连那位吸毒的流浪汉杰利，也在旅途中挽救了一位准备自杀的妇女——崔佛交出了一份圆满的答卷：

他构想和发起的这项活动，已在洛杉矶、旧金山、凤凰城等地传播开来。

"如果每个人都能去帮助别人，那么每个人就都会得到别人的帮助，这个世界将会更加美好。"面对记者采访，崔佛腼腆地讲述着自己的理解和理想。

我们置身的世界，永远不可能完美，永远有这样那样的缺憾。有些时候，我们生活的环境，甚至可能烂透了，如辛尼所说，像一团狗屎！但我们似乎只有不满、抱怨、失望，乃至绝望，而没有行动。更多的人，甚至因抱怨而故意夸大生活的不美好，夸大并沉浸于自己的不幸中，因此而更加气馁、沮丧、冷漠，以至彻底放弃。"几只跳蚤顶不起一床被盖。"我们不敢相信自己的能力，更没有想到，从自己开始，从能够改变的地方出发，就可以影响和改变这个世界。

"除了贫穷和饥饿，世界上最大的问题是孤独和冷漠。"这是特蕾莎修女的话。这位"贫民窟的圣人"，终其一生，都在躬身践行"怀大爱心，做小事情"。世界庞大，以一己之力，或许永难融化坚冰，但她的恩惠，的确遍及众生。她说："即使把你最好的东西给了这个世界，也许这些东西永远都不够，但不管怎样，还是要把你最好的东西给这个世界。"

这样的道理，其实很多人都懂，但真要做到知行合一，太难太难。在这方面，孩子或许更配做我们的老师。因为他们想法简单，更容易直接付诸行动。他们的天真和纯朴，也更接近人性的善良和美好——有意思的是，特蕾莎感悟到帮助穷人是她的天职，开始其"活圣人"生涯的年龄，正与崔佛相当：崔佛11岁，特蕾莎12岁。

每个人都会有困难，有问题，每个人都可能千疮百孔，直面自己的伤痕和痛苦，需要更大的勇气。布置作业时，尤金老师虽也谈到"可能性"，但他也说过："有些事我们帮不上忙。"事实上，他本人就缺乏信心：从16岁被亲生父亲浇上汽油焚烧那一刻开始，他就像饱经沧桑的老人，每天的生活一成不变，每件衬衫，每支笔，都会有固定位置。刚开始他甚至不敢接受艾琳的爱，尽管他曾骄傲地说："我一直想不同凡响。"

当崔佛问他"你做过什么改变世界的事"时，他应对得似乎正确，但他始终不敢改变，不敢承担。在答记者问时，崔佛曾说："习惯原本生活的人不容易改变，就算现状很糟，也很难改变。他们还是放弃了，他们一放弃，每个人就都是输家。"我想，这是特意说给尤金老师听的。

让崔佛下决心去做的，或许正是这个"可能性"——行动也许会失败，但不行动，便连"可能性"也没有——而他的行动，让人觉得，"这个世界看起来并不是那么烂"。的确，有很多事，并非因为有希望才去坚持，而是因为坚持，才会有希望。

崔佛接受完记者采访，尤金终于有勇气和艾琳走到了一起，一切似乎都充满希望和温暖时，亚当再次被人欺负。这一次，崔佛勇敢地冲了上去，不幸的是，在扭打中他被刺中，一把小刀结束了他的生命……这样的结局，实在出人意料，但它使影片在理想与现实之间，保持了必要的理智和清醒——崔佛的死，强化了现实的残酷和努力的意义。

"我已经吹熄蜡烛了。"崔佛说的最后一句话，仿佛谶语。

蜡烛灭了，他燃尽了自己的光热，艾琳和尤金无比哀痛。但是，当他们在夜深人静时，不经意望向窗外，满怀爱意的人们手捧蜡烛，集聚房前。一支蜡烛熄灭，更多烛火点燃。那微弱而耀眼的光，温暖而明亮地照着。

要驱除黑暗的夜色，一根蜡烛的光是不够的。但是，如果被点燃的蜡烛越来越多，必将真正照亮世界。

"只要人人都献出一点爱，世界将变成美好的人间。"这是我们已觉得俗滥的歌词。但在美国，因崔佛的影响，早已建立起了"Pay It Forward"运动基金会。与电影所期望的一样，他们相信儿童是改变未来的主要力量，他们设计了一整套全新的教学方式，已经有成千上万名学生学习过这门课程。

想要改变世界，首先要相信这个世界可以改变！当然，真要想让世界得到改变，还需要更多相信、愿意也有勇气去行动的人——行动，哪怕是微小的，也可以影响和改变世界。艾米莉·狄金森的诗，或许是这部电影的最好注脚：

假如我能使一颗心免于忧伤，
我就没有虚度此生。

假如我能使痛苦的生命有所慰藉，
在酸辛中获得温情，
或是让一只昏厥的知更鸟，
重新回到窝中，
我就没有虚度此生。

2009年8月

我用深痛爱着你
——电影《我一直深爱着你》札记

她杀了6岁的儿子,她亲生的儿子。在法庭上,她"几乎完全沉默"地接受一切:15年的牢狱生活,丈夫与之离婚,父母与之断绝关系。出狱后,除了妹妹,她没有亲人,没有朋友。15年的光阴,洗净了她过去的所有生活。她依然沉默着接受一切:妹夫的不信任,雇主得知她入狱原因时的蛮横,妹妹的朋友对她过去的窥探——她不解释,不诉说。她的世界空旷,她的眼神冷漠。当然也有:痛苦,悲伤,经历太多磨折后的无望,无望后的平静。

这部电影,有个"很爱情"的名字:《我一直深爱着你》——温馨得甜软。

影片呈现的,却一直是痛,那个叫朱丽叶的女人,透彻肺腑的痛。她不断抽烟,疯狂喝酒。她与妹妹淡然地笑,生硬地拥抱。她如被"双规"一般,隔一段时间就麻木地去警局报到。她随意跟酒吧里遇见的男人上床——紧抿的嘴唇,淡漠的神情,憔悴的面容,深陷泛黑的眼窝,疏离的态度,不离手的香烟,时常深色灰茫的衣着,无不透漏着她与世界的隔绝、麻木、冰冷和深痛。

15年的牢狱生活,足以改变一个人,甚至毁掉一个人。她曾说:得知自己即将出狱时,她连续做噩梦——梦见自己拎着皮箱,茫然站着,周围一片虚无。

镜头如水,缓慢流动。她定期去警局报到,偶尔和妹妹游泳,参加妹妹朋友的聚会,接送妹妹领养的孩子,教那女孩弹钢琴——随着时间过去,她逐渐得到妹妹一家的认可，她找到工作，甚至有了新家，有了一个默契的异性朋友，那个憨厚的教授。她的生活渐渐改变：恢复，新生，被赋予更多内容和意义。但是她的神情里，仍满是游离和冷淡，笑时，眼里也有悒郁和落寞。她不解释，不诉说。她只是默默地承受，孤单地面对：黑夜，冰冷，好奇的，或鄙夷的目光。

哪位母亲能承受杀子之痛？就像诗人撕毁他的诗，作家烧掉他的书——经历10月怀胎的辛苦，经历生产时的撕裂、流血，经历含辛茹苦的漫长抚育，谁会忍心杀死自己所创造并带到这世界上的孩子，像杀死自己？

"一个孩子的死亡就是最大的监狱。"她说，"你将永远被囚禁于此。"

故事的演进，就在这样的沉闷和安静里。但再深的谜底，也有揭晓的时刻。无意间，妹妹发现了她藏在枕下的儿子的照片，一张15年前的化验单，化验单后面的诗句——那诗句充满爱意，满篇都在说："我会爱你很久。"

向当年的医师询问，妹妹终于才知道，那被埋藏了15年的真相，残酷的真相：那个叫皮埃尔的孩子，身患绝症，痛苦不堪，身为医生和母亲，朱丽叶不忍心孩子日夜忍受病痛的折磨，在极度的悲痛中，她将注射器推入他6岁的身体。他静静睡去，不再醒来。而她，也仿佛从此灵魂出窍，只余行尸走肉。她用沉默来接受一切惩罚，用冷漠来对待亲人的决绝，用麻木来面对人们的指责，或愤怒。她没有辩驳，没有开脱，没有委屈，没有怨尤。

"我只想去监狱。无论如何，我是有罪的。"也许，只有在监狱里，才不会有人探问她的痛苦，打扰她的悲伤。

这是一部有关爱，有关心灵救赎的影片。话题老旧，感触却全新。"我一直深爱着你。"她说，"即使在黑暗中，我依然深爱着你。"爱与痛，如此紧密，像一对连体婴儿，难以切分。爱太深，容易看见伤痕。这不是歌词，而是对爱的深刻体悟。爱得越真，伤得越深。爱得越重，伤得越痛。所以，她只能那样"深"，那样"痛"，即使身体获得自由，心灵却仿佛一直被囚禁——被囚禁在爱与痛中。

其实，早有很多细节，甚至偶露破绽的只字片语，在暗示，在提醒：

她能熟练地操持家务；她能在很短的时间里，和妹妹的女儿相处愉快，让小孩对她依恋；即使跟痴呆的老人，她也能有所交流；而且，她爱读书——爱读书的人，怎么可能残忍到杀死自己的孩子？所有行为，都有必然的原因，所有悲剧，都有伤痛的隐秘。也许不被人知，但它会改变你对世界的态度，对天空、大地、雨滴、黑暗的态度。当一个人失去最深爱的，而这种失去，是自己亲手造成的，或许，便只有巨大的悲伤和无奈，甚至，一切都变得无所谓了。

那个自杀的警官，曾和朱丽叶谈起一条河。他每晚靠垃圾电视消磨时间，他说："我们自以为无所不知，却找不到一条河的源头。"——真相和本原一样，难以寻找。纷纭的心绪，和河流的源头一样，难以理清。

"你们一旦有了仇恨，就只会看见那些表面存在的事实。"她歇斯底里地冲着妹妹吼叫。一切，都是因为爱，一切，都只是因为爱：爱得至深，痛得至切，爱得至痛——看着孩子受苦，她不忍心；帮孩子结束痛苦，她依然痛苦，甚至更加痛苦。一个母亲，要多爱自己的孩子，才忍心亲手结果他？

15年的牢狱生活，更像是她给自己搭建的城堡。15年来，她随身带着儿子的照片，带着那张泛黄的化验单，带着那饱含爱意的诗句。15年来，她沦陷在深深的自责和伤痛中。"我给了他生命，却又亲手结束了。"她说。哀莫大于心死，她的心早随着儿子一起，死在山上的那间小屋里。她希望用15年的时间赎罪，平静或遗忘。

时光虽然走远，记忆却一直缠绕着她，纠扯着她，像喂熟的狗，不肯离去。她沉默寡言，她不断抽烟，在咖啡馆，在家里，在路上，在夜里——她以深痛和沉默，爱着那个孩子。日日，夜夜。

她选择了独自承担，一味隐瞒。她始终关闭着心灵的大门。她以为没人能明白她的遭遇，没人能理解她的心情。她忽略了，有一个人，一直在深爱着她，不管别人如何看待，也不管她如何封闭，那个人始终做着力所能及的事情和努力——那个人，她妹妹，始终以一种赎罪的心理，小心翼翼地照顾她。因为在那15年里，她一直"不知道"姐姐的存在，当然，也没去看望过她一次。虽然她一直爱着她，想着她，每天都在日记里写下她的名字和她离开的天数。她怀念她们曾经的快乐时光，怀念她们在钢琴前合奏《我一直深爱着你》这首歌时的温馨情景。

直到最后，真相被揭开，在歇斯底里的宣泄后，朱丽叶才明白，那个温暖的怀抱仍在，已经等了很久很久——不仅仅是妹妹的，也包括那个善解人意的教授。

"我在这里，我在这里。"面对教授焦急而耐心、满含真情的呼唤，她不只是在告诉自己，也在告诉所有她爱，同时也爱她的人们。

真正的爱，或许就是：我在这里。

就像片名：*I've loved you so long*，从字面翻译，应是《我曾一直爱着你》——一直爱着，哪怕是怀着深痛，哪怕是怀着绝望。

2009年10月6日

像维罗尼卡，或者像你和我

——电影《两生花》观感

最先听朋友介绍，只说女主角漂亮，有特别的韵味和美。从网上下载后，却一直没时间看。周末夜晚，清寒中偷懒，找出来看了。没想到，不只是女主角，或者说女演员漂亮，电影本身，情节、构思、音乐、画面、主题，都很漂亮，有特别的韵味和美。

这是一部非常异质的电影，构思奇怪，神秘而浪漫。两个女孩，一样的名字，都叫维罗尼卡；一样青春，都有沉静、端庄之美；一样地喜欢唱歌，都有天籁般的嗓音；甚至，她们的病痛和脆弱都一样：先天性心脏病。但，她们不是双胞胎，甚至没有血缘关系：一个在波兰，一个在法国，一个在不到半小时的电影时间中死去，一个到影片结束时仍旧活着。

故事从波兰的维开始。她是歌手，女高音。她在雨声里唱歌，那么陶醉，直到浑身湿透，泪流满面。然后，她为了一个高音，猝死舞台——同一瞬间，法国的维，正和男友做爱，在欢乐的巅峰，她突然心痛、忧伤，莫名地感到孤独。

接下来的情节，围绕法国的维展开。她是音乐教师。偶然间看了一场木偶表演后，她开始收到一系列神秘的礼物：一根鞋带，一盒磁带，隐约与波兰的维有关。而波兰的维临死前的绝唱，那音乐、旋律，也莫名地包围着她，一直。她迷惑、哀伤，但并不惊异。她一直觉得，在世界某个角落，还有另一个自己。

她奔赴木偶表演者的约会，并与之发生了爱情。但爱也不能克服孤独，更不能驱散忧郁。她莫名地被思念牵扯，即便是在欢爱时。仿佛倒影，波兰的维，在镜里，或水中，而她，在镜前，在岸上。又像现实与梦境的纠缠，波兰的维，在梦中，而她，在现实里。一个活着，另一个死了，生者与死者，在虚幻的时空里，有着神秘的牵连和纠扯。

这是法籍波兰导演基耶洛夫斯基的作品。这个名字于我，是认识的盲区。从网上查询知悉，他已于1996年3月在巴黎病逝。但他留下了不朽的"三色系列"：《红色》《白色》《蓝色》。玄妙、宿命、偶然、敏感、神秘等非理性气息，是他影片始终弥漫的色彩。这一部也是如此。它还有个名字：《维罗尼卡的双重生活》(The Double Life of Veronique)，准确，但缺乏诗意，两相比较，我还是喜欢《两生花》这一译法。

两朵花其实有过一次现实的相遇。擦肩而过，却"无缘对面手难牵"——法国的维到波兰旅行，在一个广场短暂停留，正赶上群众示威游行。此时，波兰的维抱着一摞乐谱经过。法国的维在领队的催促声中，似乎看到了波兰的维，仿佛镜中的自己。她边上车边按快门。波兰的维，似乎也看到了法国的维。但车在启动，远离，她没能看清。镜头一晃而过，她们从此再未重逢。默然或茫然对视时，她们浑然未觉，却又似有所悟。很快，波兰的维就死去了。尽管随后的情节里，有不断的心灵感应和隐喻暗示，但法国的维始终不明就里。直到片尾，男友翻阅她波兰之行拍下来却很少翻动的照片，当他指着照片上波兰的维说"你这套衣服不错"时，她才惊呆了一般："那不是我！"

那一时刻，她才明白到底是谁离开了她，禁不住泪如雨下。

在双胞胎，尤其是同卵双胞胎之间，这样神秘的心灵感应，也许很好解释。而在影片中，毫无血缘关联的两个人，居然也能这样心心相印，不多见。哲学家说：世界上没有两片完全相同的叶子，基耶洛夫斯基却告诉我们：这世界上，可能有两片叶子，一模一样。他通过天生敏感、善感的两个女孩子，表达了"一个纯粹关于感觉与敏感性——而且还是无法用电影表达的敏感性——的故事"。

影片为此设计了大量暗示和隐喻，既激发感情，也催生错觉。这些暗示和隐喻，既是两个维罗尼卡的巧合，也是她们互相感知的凭据。法国的维重复讲述的梦境，那矮屋和尖顶教堂，正是波兰的维最后唱歌的地方。

波兰的维演出时的中年女士，出现在法国的火车站，成为法国的维生活的一个背景。身影相仿的两个老人，既出现在波兰的维的房外，也曾在法国的维的窗外走动。

此外，还有许多充满暗示的细节：波兰的维，每次心绞痛都会攥紧一根鞋带，法国的维，则喜欢把弄鞋带，并在不知不觉中摆出心电图静止的直线，这是否是她们生命脆弱的联系？波兰的维在出行的火车窗边，把玩着水晶球，法国的维手提袋里也有类似道具，这是童话中巫婆的法术吗？波兰的维死时轰然倒地，屋顶上急速运动的俯拍镜头，是否意味着她即将飘散的灵魂，在屋顶游走？而当她下葬，从墓穴中仰拍泥土落下的镜头，是否暗示着，她仍睁着眼睛看这世界？波兰的维的男友所住的房间号，与法国的维同男友欢爱时的房间号同为287，这是否意味着，法国的维在继续波兰的维来不及完成的爱情？

木偶表演者亚历山大的出现，是最引人注目的情节，也是最重要的暗示和隐喻。它在结构上有起承转合的意味。正是他表演时流露的痛苦表情，与法国的维的忧伤默契相遇，让她与他交往，并最终醒悟，在世界某处，还有另一个自己。波兰的维死后不久，法国的维就在学校看到这场表演。而表演的内容，更让人不禁联想：木偶舞者在舞蹈中倒下，波兰的维在吟唱中猝死，这二者，是否有什么关联？木偶舞者最后重生化蝶，与波兰的维之死有无相关？此时画外响起的歌声，与波兰的维的临终绝唱，竟是同一首歌，同样的旋律和内容，那么，这是法国的维心中响起的，还是死去的维在继续吟唱？在木偶表演的过程中，我们一直可以清楚看见那双操纵木偶的手。那么，在两个维罗尼卡背后，是不是也有什么力量操纵着她们的命运？

亚历山大讲过一段神秘的话："木偶是很脆弱的，操作时容易损伤，所以我总是做两个一模一样的。"那么，两个维罗尼卡，是否就是上帝手中的木偶？当木偶舞者从黑漆漆的盒子（棺材？）里重新出来，变成绚烂的蝴蝶，这是否意味着法国的维，正是波兰的维生命的新生和延续？或者，波兰的维的死，是为了让法国的维活，而法国的维活着，也正代表着波兰的维？或者，法国的维所看到的、感知体验到的，正是波兰的维冥冥中所看到的？

波兰的维曾对父亲说："我有种怪异的感觉，我觉得并不孤独，这世界上不止我一个。"父亲说："当然不。"她死后，法国的维也对父亲说："我有种奇特的感觉，觉得自己孤伶伶的。"父亲说："有人从你生命中消失了。"

影片最后，亚历山大讲故事：两个女孩同时出生，她们在不同的地方，都在两岁时学会走路。一次，其中一个伸手去摸火炉，被烫伤；几天后，另外一个也伸手去摸火炉，但及时收手，没有受伤……听到这里，法国的维泪下如雨。

也许，在无法确知的世界，我们每个人都曾隐约感觉到，还有另外一个与自己相同的人，也活在这世间。尽管我们并不知道他（她）是谁，在哪里，做什么，为什么做，不知道他（她）知不知道自己的存在。有时，我们甚至能互相看见，但恍若镜中窥人，里面的那个，那么实在、生动，似乎触手可及，却又只是虚幻的泡影，无法真正邂逅、交流、了解。就像夜空里的繁星，彼此遥望，却隔着N多光年的距离，难以回应，却又莫名牵挂。

写到这里，突然想起一首诗：

    此刻有谁在世上的某处哭，/无缘无故地在世上哭，/在哭我。
    此刻有谁在夜里的某处笑，/无缘无故地在夜里笑，/在笑我。
    此刻有谁在世上的某处走，/无缘无故地在世上走，/走向我。
    此刻有谁在世上的某处死，/无缘无故地在世上死，/望着我。

这是我一直喜欢的里尔克，一直喜欢的《沉重的时刻》。每次读到，都有一种强烈的孤独感。但此时此刻，我却在这孤独之中，感觉出一种淡淡的温暖。鲁迅先生临死前曾说："无穷的远方，无数的人们，都与我有关。""我"与他们之间，或许永不相遇，或许偶尔相遇却终究擦肩而过，但至少，有他（她）的存在，会让我们觉得，在这世间，我们并不真正孤单。我们看不见他，但可以感知到他。他为我们哭，为我们笑，走向我们，望着我们。让我们觉得：他就是我们，我们就是他，我们原本就是一体的两面。

像维罗尼卡，或者，像你和我。

2007 年 3 月 16 日

只能怀念

——从《致青春》想到的

"青春就是用来怀念的。"看完《致青春》，很多人都记住了这句话。简单，平常，却引得那么多感叹，唏嘘，甚至不少神经质的回应。显然，是大家的心弦，被"青春"和"怀念"给拂动了。就像当年流行的那个句子：我被青春撞了一下腰——是否因此而腰扭或腰伤，倒在其次，大家只是不计后果地感觉到，自己被"撞击"了。

我也被"撞击"，或者说被"拂动"，弄得挺有感怀的样子。未能免俗地引了那句话后，我在腾讯微博里说："其实，所有往事，都是用来怀念的，也只能用来怀念。"

朋友看到这句感叹，说比电影中的还有趣。有什么趣？我问，朋友却再未回答。娃他妈看了说，你那样写，容易引人误会，觉得有什么故事或事故。我便给自己狗尾续貂："不过，怀念其实就是生活的一部分，每个人都是面向未来，在对往事的追想中过完现在的。"

续上的这句，有些冗余、缠夹，但似乎能更准确地表达我的感触：未来、往事、现在，三个向度纠结在一起，扭缠在一起，没人能够分开，或切割——我以为，这才是生命的本质。法国历史学家克罗齐说："一切历史都是当代史。"显然，他也立足于"现在"这个时间点上。

人是时间之子。置身于单向的时间之流里，"Yesterday once more"之类的咏叹，再美，也不过是徒劳的幻想。古人曰过的"盛年难再得"，才是我们的真正宿命。所以我说，人其实是怀念的动物：童年远去，我们怀念童年；青春消逝，我们怀念青春；爱情结束，我们怀念爱情；生命谢幕，我们或许也想怀念，但能否真正怀念——我不知道。

前两年，看《老男孩》时，我曾说"仿佛再度青春"：那些青葱的岁月，生涩的思考，狂妄的梦想，澎湃的激情，曾经的人，曾经的事，被电影中的场景唤醒，在怀念中清晰而飘摇。"青春如同奔流的江河／一去不回来不及道别……"听着这样的歌声，看着那两个微微发福的中年男人，眼里有微微的泪，心里有微微的酸。

"看那漫天飘零的花朵／在最美丽的时刻凋谢／有谁会记得这世界它曾经来过"——有谁会记得？除了我们自己。除了怀念——怀念是人生的本质。

"终将逝去"，则是青春的宿命——其实，不只是青春，我们生命中的一切，都终将逝去：再茂盛的植物，终将枯萎；再明亮的时光，终将黯淡；再娇嫩的容颜，终将衰老；再热烈的爱情，终将平静；再强健的肌体，终将朽腐；再庞大的王朝，终将衰败。而对于这所有的"逝去"，我们都是"肌无力患者"，只能眼睁睁看着它们，渐行渐远。

而且，如席慕蓉所说：走得最快的，总是最美好的时光——时光如此，时光里的一切附着物，也必然如此。上天给予的，必将由上天收回，所以最终，我们只有怀念，只能怀念。

不过，能够怀念也是好的——至少表明，我们曾经有过。

看电影时，娃他妈说，那些没读过大学的人，看这电影时，不知会觉得多么遗憾——他们是否遗憾，我不知道，但我想，因为不曾经历，肯定也不易共鸣。就像没有经历过爱情，绝难想象其中酸甜苦辣的况味，别人再怎么描述爱情的美好或疼痛，他们也难以感同身受。

其实，《致青春》只是简称，电影全名是《致我们终将逝去的青春》，这也是小说原著的名字。而且在小说里，那句让人百感交集的话，原本是这样说的："正如故乡是用来怀念的，青春就是用来追忆的，当你怀揣着它时，它一文不值，只有将它耗尽后，再回过头看，一切才有了意义——爱过我们的人和伤害过我们的人，都是我们青春存在的意义。"

在小说作者辛夷坞看来，人生意义的产生，其实就在一切"耗尽"以后，我们"再回过头看时"——那些走过的路，那些遇见的人，那些爱过的、被爱过的，伤害过的、被伤害过的，都是"意义"所在，所以，都居于怀念的中心。

这就仿佛普希金的那句诗："一切都是瞬息／一切都将会过去／而那过去了的／就会成为亲切的回忆"。"回忆"是否亲切，很难说，但是过去的，必将成为回忆，这毋庸置疑。

所以，我们继续怀念，也只能，继续怀念——无论美好，还是痛苦，无论幸福，还是伤害，无论被牵挂，还是被淡忘：曾经相遇，至少，胜过从未碰头。

2013年5月7日

不能拥抱的爱情
——关于《剪刀手爱德华》

看完这部影片，莫名冒出一个简称：剪爱——剪刀的爱？剪掉的爱？

爱德华之于山下的世界，仿佛一个不合时宜的象征。作为智能机器人，他有简单的心和不成熟的心智：会礼仪，懂诗歌，能微笑，甚至，懂得爱。虽然因那双残留的剪刀手，他的动作不免机械，表情始终生硬，苍白的脸上满是伤痕，浑身泛着冷冰冰的铁的味道——他只合在阴影中，在古堡里，孤独地生活。但是，因推销化妆品，佩格误闯古堡，发现了他，出于怜爱，又把他带回家——那个色调明丽、温暖，如童话般的小区。

那一刻，他惶恐，又满怀渴望。他不停地挥动着剪刀手，机械而笨拙，紧张而滑稽。

那个小区，更像留守者的乐园：男人大多在外上班，早出晚归。余下的女人们，喜欢调情、窥探、百无聊赖、搬弄是非，在童话般斑斓的色彩后面，满是人间的虚荣和私欲。爱德华的出现，无疑给她们增添了新的刺激点，这也正是她们对他友好、亲昵的原因。而当他展露出用剪刀手修剪植物、设计发型的特殊才华，小区里所有的植物、狗和女人，都为之癫狂。她们把他当明星般对待，或者说，他享受到了明星般的待遇。

如此美好的开始，恍若童话。然而，正如残缺是世界的本质，遗憾，是上帝赐给人类的苦酒，童话，往往从开始就注定了悲伤的结局，不管它多么轻快、梦幻、美好，让人心魂迷离——更何况，是在现代，童话不可能发生和发展的现代。

虽是机器人，爱德华却有人一样的心，会思考，会感动，会爱，对

"真正的人"的生活，有所期待，或者说心存欲望：他爱上了佩格的女儿嘉丽。她像天使一般，姣好的面容，滑润的黄发，那么纯净，那么美——只是，嘉丽早有了男友。

刚开始，嘉丽对怪异的爱德华，不仅没有好感，反倒心存抵触。但他对她的呵护和关照，渐渐影响了她，改变了她——为了她，他义无反顾地潜入其男友父亲的豪宅行窃。他知道那不对，但是为了她，他愿意。"Because you asked me to"，那样简单、直接的表白，让人感动。他被警察抓住，又因"没有判断是非的能力"而被释放。周围的人却开始把他当成危险分子，对他及佩格一家敬而远之。正是在这过程中，嘉丽逐渐看清了男友的丑恶嘴脸，并对爱德华产生了好感。

圣诞夜，他为佩格一家雕刻冰雕，她在冰晶中翩翩起舞，裙裾飘飞，长发飘飘——那么美，让他浑然陶醉。嘉丽的男友挟愤而来，与他发生争执、冲突。所有居民都驱逐他，连佩格也认为他应该回古堡去——他回去了，嘉丽的男友却追杀来了。爱德华杀死了那恶毒的男友，嘉丽也接受了爱德华不求回报的爱。她紧紧偎在他怀里，幸福、悲伤而绝望——第一次，也是最后一次：从此，他永远隐藏在古堡里，修剪他的植物、冰雪和爱情……

就像来自另一个星球的小王子，最终无声地倒下；而追求不灭灵魂的小人鱼，最终化成了泡沫——童话人物与现实世界的格格不入，注定了"王子和公主从此过着幸福生活"的结局，难以真实地发生。

这似乎更像一个寓言故事。爱德华善良、单纯，而这不为世人所容。他只是个未完成品，未完成的双手，未完成的如孩童般的心智。他有锐利的剪刀手，却只用来修剪东西，在受伤害时，也不愿意用剪刀来保护自己——他的确不懂保护自己，否则怎么会爱？明知没有可能也要爱？那样单纯、真诚的感情，那样干净、柔和的眼神，换回的，却只有伤害、猜忌、误解、嫁祸……他可以用剪刀创造出幻美的世界，却无法真切触摸身边的人。他有着人所共有的悲喜，却无法在脸上流露，就像他的剪刀手，不能表达和传递心中的温情，而只会划伤自己。他现身于那个凡俗的世界，那个不属于他的世界，原本就是错误，不合时宜的错误。而小区里的人，从接受他，到驱逐他，都只是一场俗世闹剧。

只是，他逃不开现实的痴缠，温暖的爱恋和纠结。当嘉丽将头埋在他胸前，说"拥抱我"，他那双剪刀手温柔举起，片刻犹豫后，又颓然放下。她偎着他，他的手，却茫然张着，无处放置。他哀伤地说：不，我不能——他无法拥抱，无法爱抚，无法切实地爱。剪爱，剪刀的爱，或者就是，只能若即若离地爱，因为剪刀合上，就是伤害——就像总有无法面对的事，这世间，也总有不能拥抱的爱。

看着他的慌乱、茫然，不禁心生悲悯和同情。

一切特别的东西，似乎都要承受特别的伤害。就像美丽总是和凄凉相关，纯洁总是与世界不容。他的一切，都与那双剪刀手有关——人们接纳他，是因为他的手，大家畏惧他，也是因为他的手。他一次次被自己不可避免地划伤，旧痕，新创，像雪橇在雪地上划过的印记，触目惊心，让人心疼。

影片更多的镜头，关注着他的表情：苍白忧郁的脸色，支离破碎的面孔，被误解时惊恐、忧郁的眼神——像一出摇晃的梦，他茫然地出现，摇晃着穿过庸俗的尘世。是梦终会醒，而越是美丽的梦，越容易醒。

从"剪爱"，莫名地想到《简·爱》。想到那段著名的台词："难道就因为我一贫如洗，默默无闻，长相平庸，个子瘦小，就没有灵魂，没有心肠了——你想错了，我的心灵跟你一样丰富，我的心胸一样充实！"在《简·爱》里，简最终获得了罗切斯特的爱情。而在"剪爱"里，爱德华只能剪掉那份不合宜的爱，回到幽暗的古堡里。

与其说影片表现的是爱德华和嘉丽的爱情，不如说是爱德华对嘉丽的爱情，单向的爱情——他为她献出一切，直至被所有人驱逐，她虽然感动，也有所回应，但毕竟不能和他在古堡里隐藏一生。所有童话，都讲不到最后，所有不能拥抱的爱情，都走不到最后。嘉丽的爱，是俗世之爱，爱德华的爱却超尘脱俗，永不属于这个世界——当他被警灯驱逐，逃回那近在咫尺却注定与世隔绝的古堡时，他瑟瑟发抖的身影，那样紧张、无助，那样惶恐、孤独……

有些爱，注定无法摆脱痛与泪——即使他不曾流泪，心底，或许也早已涕泗滂沱了。

"天为什么会下雪呢？雪是从哪里来的？"影片开始，小女孩问外婆。外婆沉默良久，开始讲述这个故事。影片最后，当年的美丽少女，已是垂暮老妪。虽然古堡离得不远，但她再没有去找过他——他们的爱，像一场春雪，那么短暂，转瞬即逝。他爱着她，年复一年，却孤独地住在古堡里，用他的剪刀手修剪内心的美好。她想着他，年复一年，却如常人一般，结婚生子。年复一年，她在他修剪出的雪花中舞蹈——像青春时，那一年的圣诞。

影片最后一句台词，是嘉丽说的："有时你会见我在雪中翩然起舞。"

在她，或许有雪，就有爱德华，有爱德华，就有爱的温暖。但我看到的，却一直是那张苍白的脸，深陷的双眸，那浓重的孤单：与世隔绝的孤单，异于常人的孤单，不被理解的孤单，无望守候的孤单。

据说，那个地方，以前从不下雪。当爱德华出现后，洁白的雪花开始年复一年地飘扬，落下——或者，那冰雪，就是他永远伤痛的泪滴？

2009 年 10 月 18 日

当情感成为罪

——关于《撕裂的末日》

喜悦，忧郁，悲伤，痛苦，仇恨，愤怒，绝望……这些常常被视为"小清新"的情绪，能否从体内完全剔除？答案是肯定的：只要每天注射一针"波西安"，就能让我们免受悲痛的磨折，摆脱忧郁的纠缠，消弭仇恨的壕沟，让我们没有欣悦、悲伤、痛苦，没有羡慕、嫉妒、愤怒……当然，也就没有一切的爱恋、哀怨、纠结和痴缠。

在电影《撕裂的末日》里，便是如此。

很显然，这是一部科幻片。背景在不远的将来，虚拟的世界利比亚——因在"第三次世界大战"中，大量动用核武器，人类文明遭到浩劫；战争结束后，一个叫"耶和华"的政府组织，把战争、犯罪等问题，都归咎于人的情感——因为人有情感，所以有爱憎；有爱憎，所以有仇恨、嫉妒、痛苦、报复、犯罪乃至杀戮、战争。组织的最高领袖"神父"认为，要解决这些问题，就必须消灭人的情感。他们发明了波西安，只要每天注射一针，就能有效控制和泯灭情感，最终，所有人都不再拥有感情。

当情感成为罪，所有情感都被视为"小清新"，所有有情感的人，都被视为反叛，被镇压、被剿杀。在那里，人们每天都要注射波西安，以压抑人性的感觉和情绪，维持社会的秩序和安全。在那里，人们不得私藏任何可能引起人类情感的物品——书籍、绘画、音乐，甚至包括相册、物件，那些被评为EC-10级的，都将被搜缴、被销毁。而私藏者，将被逮捕，被送到"毁灭堂"，以"情感罪犯"之名处以火刑。

负责执行这些任务的，是一批机器人一般的特殊警察。其中最优秀的，被称为"教士",他们既有高超的战斗力,也有强烈的第六感,能准确判定谁是"小清新",准确搜出哪里藏着艺术品。

所有情绪波动被控制后,那个世界,成了貌似干净的美丽新世界:客观、理性、冷静。只不过,所有人都只是行尸走肉,麻木茫然——灰白黑的衣服,没有表情的脸庞,程式化的口号,同质感的行为,盲目而愚蠢的信仰仪式;人们用同样的东西,过同样的生活:木讷地行走,呆滞地打招呼,没有娱乐,没有音乐和艺术,只有灰色的建筑,冰冷的世界,空茫的心灵……除了纪律和服从,除了对组织和神父的盲目忠诚,他们的情感趋于零度,人所应有的天性、生趣、鲜活,都逐渐失去。

不过,人性可能被压抑,却永不会消解,情感可能被控制,却永不会泯灭。就像那段子所说的:不在放纵中变坏,就在压抑中变态——尽管影片一开始,就是残酷的镇压,疯狂的屠杀,严密的监控,但随着影片展开,我们看到,一直有坚强的反叛者,始终拒绝服药,始终与"组织"对抗。而到影片最后,取得最终胜利的,不是那冷酷的统治者,而是那些坚决反抗的勇士。

这一切,都与培斯顿有关。作为最高等级的教士,他技术超群,功夫一流,精熟于"枪战空手道",是"打不败的人"。他负责镇压"情感罪犯",摧毁"任何能够引起人类感情波动的物品"。影片一开始,他就杀死了那么多反叛者,因为他们不愿抛弃自己的感情;他命令手下烧掉《蒙娜丽莎》真品,因为那会引发人的情感;他杀死了自己的搭档,因为他私藏并阅读违禁书籍——叶芝的诗歌。而在四年前,培斯顿曾眼睁睁看着妻子因情感罪被抓走,他却没有任何反抗和行动;当她被处以焚化,他也"一点感觉都没有"。多年以来,他就像机器人一般活着,冷酷,僵硬,凶狠,无情。

而这一切,都是因为他坚持注射波西安。

搭档被他处决前说的话,扰乱了他的心——他对搭档说抱歉,搭档说他根本不明白抱歉的涵义,因为那是他从没有过的感觉。当夜他失眠了。第二天一早,他在恍惚中,不小心打碎了应该按时注射的药剂,想去补领,却因要紧急处置"恐怖活动"而影响。他没能及时服药,第一次感觉到情绪的波动。紧接着，在抓捕情感罪犯玛丽时，他问玛丽："谁是你的朋友？"玛丽讽刺他根本不知道"朋友"的意思。玛丽甚至说他活着只是"为了延续生存而生存"，毫无意义。他在玛丽满屋的艺术品中，发现了一台电唱机。他第一次听到了贝多芬的《命运》。他确凿感知到自己情感的存在，一种被压抑的存在。

一直以来的盲目坚信，由此开始动摇。他偷偷地、坚决地停止服药，渐渐有了正常人的感觉。这似乎是不坏的感觉，他喜欢的感觉。当他撕开一直蒙在窗上的窗花纸，看到雨后初晴、彩虹隐现的动人画面，他为那奇妙的景象痴迷、陶醉。他开始像他的前搭档那样，私藏收缴的东西：贝多芬的交响乐，玛丽的红发带。后来，为了救一只小狗，他杀掉了一堆警察。在抓捕情感罪犯的现场，他甚至想方设法让反叛者逃走。

最后，他从虔信者变成异教徒，从忠实走狗，变成彻底的反叛者——他加入到反叛者的阵营，成为最勇敢、最坚决的一个。他设计杀掉了"神父"，与反叛者一起，摧毁了生产波西安的工厂，推翻了"耶和华"的独裁统治。

世界从此恢复感觉——培斯顿的一次恍惚，一丝情感悸动，造就了反抗体制的孤胆英雄。这是典型的好莱坞模式，个人英雄主义套路：因种种原因，英雄的潜能被蒙蔽，然后在特定的时刻和场景，热情被唤醒，潜能被激发，最终走向彻底的反叛——影片开头，他告诉搭档将要付出惨痛的代价时，搭档坚定地说："我很乐意付出。"影片末尾，"神父"说："我是有生命的，活生生的，有呼吸，有情感，你真的下得了手吗？"培斯顿像当初的搭档一样，坚定地说："我很乐意承受。"

在花哨的打斗和炫目的特技背后，影片探讨的，其实是情感的原罪，以及对情感功能丧失的担忧——无论是奥威尔的《1984》，还是赫胥黎的《美丽新世界》，在关于人类未来的想象中，除环境破坏、大战爆发外，最可怕的，就是情感的缺失。在《黑客帝国》里，人类特有的情感，居然成了电脑中由"0"和"1"构建的程序指令，这种猜测虽然悲观，但并非没有道理。就像人类尾巴的退化，情感的未来，一如过往的和平，现在的自由，不仅奢侈、稀缺，而且有沦丧的危险。

所以，这其实是一部关乎人性救赎的影片。培斯顿不仅在拯救人类，也在为自己的人性而抗争。叶芝的诗集，贝多芬的交响乐，聪明伶俐的小狗，玛丽用过的发带，这些隐喻，虽然老套、古旧，仍让人激动、伤感。尽管情感的原罪在于，它可能引发战争，带来灾难，但如利比亚那样，以牺牲情感的起伏为代价，来控制甚至扼杀情感的存在，既不明智，也不可能。情感确实会让人痛苦、绝望，但它也会给人以美好和幸福。正如失败和成功的关联，痛苦和绝望，往往是通往美好和幸福之路的必然风景。很多时候，痛苦和绝望，甚至可能转化为美好和幸福。

人是群居动物，人的全部生活，不过是与他人建立或亲或疏的关系。而情感，正是这种关系的体现。只是，人类总爱走极端——当大家恐惧于争端和战争时，便疯狂地想以理性消灭情感。这无异于想让人只保留手背，而不存在手心。

有时觉得，人活着，不过就是为了那时时刻刻的感觉——感觉气候的冷暖，鲜花的明艳，食物的美味，爱情的甜蜜，由此而感觉情意的浓淡，内心的丰盈，自身的价值，存在的意义——只有感觉到这些，我们的呼吸才会有价值，才不会刻板冷硬，如行尸走肉。就像培斯顿，在没有感觉前，他那么机械冷漠地面对死亡，而在感受到"体验"的奇妙后，他就像吸毒上瘾的人一样，沉迷于感觉世界，再不愿回到过去枯索、僵化的生活。

这样看，电影并非无厘头的虚拟，并非毫无意味的消解。现实中的很多人，没有被注射波西安，却也无法在平凡的细节中，或微妙的瞬间里，感受到世界的美好与绚丽。他们早已形似槁木，心如止水，所谓的生活，不过是习惯推动下的不断重复，不断僵化。他们就像苏醒前的培斯顿，麻木、迟钝，压根儿没法理解生命、恩情、温暖，无法理解人性、文艺、善美，当然，更没法理解叶芝的《天堂锦缎》：

> 可我一贫如洗，唯剩心愿，
> 无法将那锦缎呈献你的面前。
> 我只能把心愿铺在你的脚下，
> 踩踏吧，请你轻轻踩踏我的梦幻。

玛丽被捕时，曾与培斯顿讨论活着的意义，情感的价值。玛丽说，她活着就是要"去感受"。"情感如同呼吸一样重要，"玛丽说，"没有了它——没有了爱，没有了愤怒，没有了悲伤，呼吸就变得像钟摆一样毫无意义。"

2009年11月11日

胡乱看碟，或他人的酒杯

百无聊赖的时候，看电影是最好的选择。在光影的转换中，在别人的故事里，疏离或忘却自己，就像用机械麻木的体力活，折腾自己，有时，会让人在倦怠中，渐渐缓过劲来。

这也是我一直倡说的"第五种阅读"（其他四种：书、报、电视、网络）。《我一直深爱着你》《与狼共舞》《罗拉快跑》《剪刀手爱德华》《霍乱时期的爱情》《革命之路》《未知死亡》《日出之前》《日落之前》《当幸福来敲门》《护送钱斯》《撕裂的末日》《耶稣受难记》……被那闪烁的光影映衬，被那变幻的情节牵引，在寒凉的夜里，感觉到些微暖意。有时被触动，便随手写下阅读时的体验和感受。还有一些，纠缠在心里，等待被写出。

曾经想过，如果有可能结集，就将这些文字命名为"他人的酒杯"。因为所有阅读，都不过是借他人的酒杯，浇自己心中的块垒。就像我曾经的感叹："阅读，总是带着自己的情绪，对所读文本的一次次渲染和拓展。"

在特定的生命段落，对那些邂逅的人、事、文字、光影，总会作出别样的读解。这，或许也是生活的美好之一种吧。

观《重返十七岁》

因为17岁时的选择，Mike 在18年后，一事无成。工作上一再错过升迁，与儿女关系淡漠，婚姻也出现危机。现实的无奈，让他渴望回到过去，从头再来。

奇迹出现了，他果真回去了：回到当年读高中的学校，与他的儿子和女儿成为同班同学。而他的妻子,成了他同学的家长。种种搞笑的噱头,种种尴尬的场景,磕碰和唤醒,终于让他明白什么才是最重要的。

关于青春,关于往事,似乎很多人都期望能够重新再来。但是除了在梦里,谁能真正如此?时光无法逆流,历史不能假设,人生难以重来。就像卡朋特,那样伤感而缠绵地唱 Yesterday Once More,但他的昨日,仍是一页页翻过,最终停留在1983年。

而且,就算真能重新来过,又有多少人能真正幡然醒悟,一改初衷?就像 Mike,经过18年的磨折,他终于有机会改变,但他选择的,仍是当年的选择,那样决绝,那样无悔。

影片感人的一幕,出现在法庭上——回到17岁时的 Mike 对着一张废纸片抒情的时候。他回忆着与妻子相识时的情形:她的衣着,他的感受;当然也包括,18年来的点点滴滴,他的迁怒与忏悔,她的失望与伤感……他捧着废纸片,深情地望着她。而她,也一直怔怔地望着他。随着他的表白,她的眼神里,有诧异、触动,也有遐想、回味。过去的生活,一点点醒来,曾经的岁月,焕发出异彩。

重新选择,却并非自我否定,而是彼此的再次确认,判断和感觉的强化。就像我曾经的一篇文章所写的:有一个错误我不想改正——因为谁也没法否定过去,更不可能重写历史。

观《入殓师》

《入殓师》是一直计划要看的。终于看了,感觉就像社长说的"好吃得让人为难"——这看似矛盾的话语,包含着他对人生的深切体验。我也曾说过:美是令人忧伤的。因为美,总不免脆弱,易逝。就像生命,总是太短暂,"奄忽若飙尘"。所以"生年不满百,常怀千岁忧"的人,总是层出不穷。

如果说《重返十七岁》是向着生命和生活,《入殓师》则是向着死亡。死是冰冷的、可怕的,但,死是无可逃避的,我们迟早得面对。有时觉得,与其说我们是在一天天活着,不如说我们是在一天天死着。就像影片中"看鱼"那场戏——小林说:"为了死而努力,终归是一死,不那么辛苦也可以吧?"

而在火化场工作的老者说："这是自然定理，它们天生就是这样的。"

我们，似乎天生也是这样的。

所谓入殓师，就是给死者擦洗、更衣、化妆，完成送死者踏上无尽之旅的最后仪式。那仪式，那么从容、细致、庄重、严肃，饱含着对死者的敬畏和虔诚——通过"入殓"这一仪式，通过一场场不同的死亡，让人感觉到亲情的温暖，生命的可贵，对死者的尊重。仪式，不仅仅是形式。仪式所包含的，是文化，是人的态度和思想。在这方面，日本人值得我们敬重：那种严谨、细致、温柔和真诚，远远超出了外在的形式。

"未知死，焉知生？"这是老祖宗的智慧。从对待死的方式上，往往可以见出对待生的态度。可惜太多时候，我们在刻意地回避死，忌讳死。我们忙忙碌碌地活着，浑浑噩噩地活着，而当死亡来临，又总是那么仓促、潦草，以极其粗糙甚至粗暴的方式，对生命进行归结和挽总。

有怎样的死，就会有怎样的生。在影片里，无论是易性癖者，孤独死去者，还是自杀者，安享天年者，都是平凡、普通的死，但都能让人感觉到生之伟大，死之光荣。而在我们，很多时候，是生得卑微，死得憋屈。即便是那些看似"伟大"的死，也往往不是刻意，就是做作，认认真真走过场，就像做很多事情一样。

澡堂老太太火化时，火化场的看门人说："死可能是一道门，逝去并不是终结，而是超越，走向下一程。"所以，每次送死者上路，他总在心里说："路上小心，总会再见的。"

到那一天，我期望也有人对我这样说：总会再见的。

观《诺丁山》

十年前的电影了，又是爱情，如果不是无聊、慵倦，可能很难让我有兴趣看，虽然女主角是朱莉亚·罗伯茨。而她的大嘴，实在性感。

没去过伦敦，不知道在诺丁山那个地方，是否真能发生这种"凡人爱上神"的童话，或神话。但在电影里，威廉和安娜相遇了。离过婚的小市民，感情受挫的大明星，戏剧性的邂逅，离奇的爱恋，白天鹅居然垂青小青蛙，真像做梦。

编剧的智商接近于我们，所以很多情节都熟悉，包括可能的尴尬，刻意的桥段。比如，打翻一杯果汁的相遇，男主角后来注定失败的几次相亲，男主角应约到她房间，却碰上她的前男友。几个回合下来，让人能猜出后来的情节，比如他们做爱后那个清晨，门外记者的长枪短炮——陈旧、老套。可是，陈旧、老套，或许正是爱情的真相。就像爱的主角，总不过男女。那么多经典爱情，那么多故事套路，古今中外一路看下来，常会让人觉得，所谓爱情，不过如此。

但在诺丁山，那些细节、场景，依然让人感怀：两个不同世界、不同地域、不同地位层次的人，走在一起，坐在一起，那样自然、融洽。尽管他是谨慎而理智的，但当她来去匆匆，他也不禁心生微澜。她来，带着美好的感觉，她走，带走阳光和温暖。情节温软、简单，配合情节的几支插曲也绵缠、感伤，让人渐渐沦陷，心里有微微的感动。

一直觉得，这不过是《罗马假日》的翻版。只是结局被改写了：历尽劫波，男人终于和女人在一块了，就像童话里说的，公主和王子从此过上了幸福生活——知道这不过是电影，浪漫得不可信，甚至觉得，在现实生活里，不会有这样的可能。但当片尾曲响起，在公园的长椅上，怀孕的安娜头靠在翻阅书本的威廉的大腿上时，心里仍不免泛起微酸的幸福感。

微酸，或者微甜，或许，这样才是真实的幸福？

观《卡廷惨案》

没有买碟的习惯，所以很多时候，是在网上看电影。本月里认真看过的，有三部：《澳洲乱世情》《南京！南京》《卡廷惨案》。前者，有《乱世佳人》的味儿，画面非常美，即便不看情节，只看风景，也不会让人觉得浪费时间。中者，是看了宣传片后一直想看的，但陆川到底让我失望了：既没有所谓的"抵抗"，也没有应有的惨烈，而只是让人觉得浮泛，憋闷——那段历史，或许太过沉重了，以电影的手法，并不容易处理好。

同样是屠杀，《卡廷惨案》却让人既感到沉重，又觉得震撼。原因之一，或许是以前不知道有那样的历史；原因之二，则是导演的才华：无论情节的编排，还是人物的设置，甚至细节的处理，都非常精到、细腻。尤其是影片结尾，对屠杀细节的展现，对长长的遇难者名单的呈现，那样血腥，惨烈，不厌其烦，让人头皮发麻的同时，顿觉"布尔什维克比希特勒更可怕"。

这结论来自刚看到的一则材料："沙皇政权在1826至1905的八十年间处决的政治犯共有894名，但布尔什维克执政第一个月，死于政治原因的人就达数十万。以后斯大林统治下三十多年间，死于大清洗、古拉格群岛和秘密警察专政下的无辜者，更是不计其数！"

历史啊，真的可怕！

观《我的女友是机器人》

一切或许应该从未来开始——61年后，次郎成功还原了那个女机器人，他们邂逅在他20岁生日时。

那是2007年，一个漂亮女孩从天而降，和他一起度过了难忘的生日之夜：为他唱生日歌，把他的头按到蛋糕上，与他大吃霸王餐然后拉着他为躲避警察到处飞奔。最后，她说了很多莫名其妙的话，哭着与他道别。他觉得快乐、温暖，而不是惆怅。

惆怅是在第二年生日时才有的。他莫名地等待那个女孩到来，而她也真的来了：穿越时空，来到他身边——那时他并不知道，她其实并非去年遇到的那个，而只是一个机器人，是他61年后才会研制出来的智能机器人——她陪伴他，保护他，帮他，带着他穿越时空，回到地震前的故乡，看到当时的生活和自己。

机器人毕竟是机器人，哪怕是智能的：她有超好的功夫，轻而易举就能将人扔出去。她像超人一样，拯救众生，力挽危局。但她没有感情，晚上也不睡觉，只傻傻地站着。当他爱上她，吻她，她也毫无感觉。他告诉她："假如不能说我爱你，请说我能感觉到你的心跳。"可她什么也没有说。

一厢情愿的爱，自然痛苦。他在酒醉后赶走了她。很快，大地震发生，最危险的时候，她救了他——她被倒塌的楼房死死压住，为救他，她甚至将自己扯成了两半。"我感觉到了你的心跳。"最后，她在他怀里说。

　　她有了人的感觉和情怀——为着这种情怀，他花了61年时间，研制并最终还原了她，并给她植入记忆芯片。61年后，她为年迈的他唱生日歌。她牵着他的手说：我感觉到了你的心跳。而他，已经太老太老。他在轮椅上微笑着死去，死在她的身边。

　　2133年，一个与女机器人长相酷似的女生，在拍卖会上买下已成文物的机器人，并把她的记忆植入自己的大脑——那些记忆打动了她，于是穿越时空，回到2007年的他身边。她见到他的那一刻，就已经爱上了他——这是他20岁生日的事。只是她的时间有限，所以流泪告别。而当她再次回来，是大地震之后，女机器人已死，他正抱着她的残骸大哭——这一次，她决定留下。

　　这部电影，叫《我的女友是机器人》——被我无意碰上，胡乱看到：隔世情缘，虚幻离奇，异想天开，一个用特技和电脑合成的爱情，或神话。一直漫不经心地看，因为知道那很幼稚、肤浅，甚至可笑。但一幕幕下去，看着他们的幸福和温暖，磨折和疼痛，渐渐也便走进去了。

　　影片最后，她决定留下时，曾说："我们被心跳连接在一起。"——面对晃动的字幕，突然想起自己曾经写过的一句诗：总有些心跳，节奏是一样的。那一瞬间，莫名地被感动，为那共同的心跳，那穿越时空的执着真情。

　　或许，人有时也需要肤浅的感动，就像人有时也需要简单的安慰。

观《比悲伤更悲伤的故事》

　　因为无聊，又被名字吸引，才看了这部韩剧。

　　爱情，或许是最自私的吧。影片中的他们，却都那么无私：他们，有相似的经历，相同的孤独，因此互相依靠。她蛮横霸道，他百般呵护：像爸爸，又像妈妈，像哥哥，又像恋人——他很爱她，但始终没说。他觉得，爱情就像刷牙，不是表演给他人看的。他知道自己，癌症晚期，很快会死。他期望能在临死前，为她找到可以托付的人。他找到了，并乞求那个人的女友悔婚。然后，他牵着她的手，把她送进教堂，送到那个人手里。

然后，他死了。

显然，这是非常悲伤的。就像那几句诗：世界上最遥远的距离，不是我站在你面前，你却不知道我爱你，而是明明知道彼此相爱，却不能在一起。

更悲伤的却是——时钟倒回，许多情节重现，只是镜头角度换成她的：她其实早知道他的病，知道他的心思，但她装作不知道。她要实现他的愿望，成全他的成全，让他能安心离开。她知道，最好的男人，其实就是他。她要的爱，只有他才能给。没有他，她根本不可能幸福。所以当他离开，她也随他而去了。

这是他所不知道的悲伤，比悲伤更悲伤——他以为，那样悲伤的付出、给予，是对她的爱，能给她幸福。她却比他"更悲伤"，她什么都知道，但要配合他的爱，找了并不爱的牙医。而那个牙医，早知道自己是道具，却仍配合着演戏，与未婚妻解除婚约，因为他真的爱上了她。而牙医的未婚妻，那个女摄影师，虽表面冷漠，说奇怪的话，装得若无其事，但她的悲伤，并不亚于他们。

他们，都伟大，成全了别人，牺牲了自己。可是，如此的成全，结局不是完美，而是残忍：生病的人死了，健康的人跟着去了，留下的人，没有微笑，只有悲伤——或许，这样的悲伤，才是最最悲伤的。

最后的歌声响起，那温暖的旋律，又仿佛让人觉得：爱情，或许原本就是悲伤的——那么，可不可能有一种幸福，如那两句诗：与其在悬崖上展览千年，不如在爱人肩头痛哭一晚？

观《情书》

岩井俊二的这部片子，据称是一代经典。看到很多评价，一片叫好。下载后，却一直没看，或许是因为心境苍老——对那样青春年少的风花雪月，似乎难得再有激情和冲动。

那样的雪，那样的安静，倒正合看时的心境。包括影片里的时光、情感，似乎都是安静的。博子和亲友去祭拜她的未婚夫藤井树——他登山时死于山难。两年了，博子仍难以释怀。偶然发现他的中学毕业纪念册后，她往他许多年前的地址发了一封信。

没想到，居然收到了"天国回信"，落款，就是藤井树。

几番信件往来，博子和现任男友去寻访——原来，那不过是碰巧与未婚夫同名的女孩。更巧的是，这女孩当年居然与博子的未婚夫同班。只是，他们去时，女孩因病去医院，双方未能晤面。博子留言解释，并期望能知道未婚夫当年读书时的情形。

那个叫藤井树的女孩，开始重温并不愉快的中学时光：两个树，因为同名同姓而不同性，常常受到作弄。男树甚至曾欺负女树，比如拿错试卷故意不还之类，而他们一起当图书管理员时，男树一点也不帮女树，常借一些没人看的书。

女树来到当年的学校，为博子拍照片。意外发现自己已是不小的传奇——在许多鲜被借阅的图书书签上，都有且仅有"藤井树"三字；那帮管理图书的学妹，甚至发起了"寻找藤井树"的活动。见到眼前的"藤井树"时，学妹们一致认为，那必定是某个深爱她的男生写下的，觉得浪漫和羡慕。女树连忙解释，那只是男树在借书时写下他自己的名字。

女树对男树的最后回忆，是父亲去世后的那次相遇。女树在家料理后事，没去学校。男树来到她家，请她帮还自己借的书《追忆逝水年华》。问他为何不自己去还，男树说自己不能。一星期后，女树返校，才知道男树已经转学。

影片最后，那帮学妹意外来到她家，拿着那本《追忆逝水年华》——抽出写着"藤井树"的借书卡，女树看到了当年未曾留意的背面：男树用心素描的女树的肖像。这么多年，那画，一直藏在不为人知的角落，更像藏在心灵深处。

那一刻，心里不禁微微酸软，对于过去的岁月，那些懵懂、青涩的记忆，那些淡薄得若有若无的情感，像极了这部电影的基调：青而不涩，甜而不腻，纯净如镜头里的飞雪和阳光。

一直记得那个场景：午后的图书馆，男树在窗边看书，女树在整理书目，风拂起白色的窗帘，在男树面前飞舞。多年以后，男孩已不在人世，图书馆里依旧阳光明媚，白色的窗帘依旧迎风飞舞。

或许，这便是青春和流年，就像男树借过的那本书：《追忆逝水年华》——风吹到脸上，总会让我们怅然想起，那些似曾相识的场景、记忆、情绪，丝丝的甜，丝丝的酸。

观《花木兰》

《花木兰》看到最后，才有了些许感觉。

对中国电影的失望，由来已久。尤其是所谓大片：大场面，大制作，看起来花哨、宏大，却往往徒有其表，如某些女人的眼睛，或政治家的演说——大而无当。《英雄》《无极》《赤壁》《投名状》《十面埋伏》，莫不如此。

没有灵魂和内在的结实，再华丽的包装，除了越发衬出空虚和难看外，不会有更多意义。而正是如此，败坏了我对中国电影的胃口。若非闲得无聊或闷得发慌，少有看的兴趣。偶尔陪家人看，也常常是硬着头皮，咬着牙关。

这部《花木兰》，也是如此。

战袍，刀剑，阵势，计谋，濡血的伤口，累累的尸体，古装大片的格局，莫不如此。出人意料的是，导演加重了爱情戏，仿佛所有的战争场面，都成了爱情的背景。不过，这爱情，却不肉麻，不扭捏，虽然其结局，多少有些硬。

硬而悲怆。这样的情愫，一直绕缠在不能有感情的战争里，似乎更能表现"生死与共"这四个字。而这样的爱情，在无处不物质的现实世界里，已是稀有。爱情是盐，无论对于人，还是对于电影，盐不可多，但绝对不可无。

让人回味而感伤的，是影片结尾。文泰找到木兰说："我们一起走吧，不管去哪里。"木兰婉辞："你曾经说过，如果能用自己的生命去换取这个国家的安宁，你一定会去做。"文泰说："让我放弃生命很容易，放弃最爱的人这太难。"但是最终，他还是只有放弃。"忘了我吧。"他对木兰说。

花木兰那段柔情而煽情的话，是这样说的："十二年来，我每天在战场上醒来的第一个念头，就是想起你。因为你在，我才有勇气把眼睛睁开。以后的每一天，也都会这样。"或许，这就是爱——爱一个人，就有勇气去坦然面对，无尽忍受，去解决琐碎的事，应付乏味的人，甚至，像她那样，去冒死冲杀。

在落花中，旁白响起，仍是花木兰的："有人说，离家太远就会忘记故乡，杀人太多就会忘记自己；在战场上死去，生命像雨水落入大地，毫无痕迹。如果那时候你爱上一个人，希望会从泥土中绽放，热烈地拥抱生命。"

这样隐忍的爱，这样热烈的牺牲，任谁都不免心痛。而能够像他们那样，倾心地爱一场，对每个人，或许都是美好的。

2009年9月—2010年4月

忆读：尘世间的教育

万年青

要保有怎样一份恒常、卓绝的坚持，才配领受这赫奕壮观的名字？——初识它时，我便暗揣这样的悬想。

那是我中学时的第一堂生物课。那位年届花甲，两鬓已然斑白的生物老师，教我认识了这种四季常青的绿色植物。虽然现在我已淡忘了他姓甚名谁，也记不起他告诉过我们的科、目、纲、门之类的生物学常识。但我还记得，那背景，是在秋天。花谢叶萎，众草枯黄，满世界一片萧瑟、衰败。而它依然青绿着，苍翠，凝滞，厚重——似乎要在浩茫的空阔中，对抗乃至抵拒生命的萎落与凋零。葳蕤的绿意，不断从枝叶间弥漫出来，盈漾开去；坚执而沉毅，照见我灵魂里的感触，脉管里的喧嚣。

也还记得，老师那矍铄刚直的神情，记得那挺直沉稳的腰身，记得那缕缕灰白的银丝，在秋风中飘扬、倒伏而又竖起的细节。

听人说，十年"文革"，老师一直挨批，被整，受尽种种不堪的磨折。其原由，只是因为他教学过于严谨认真，一丝不苟。"那不是白专吗？"批斗的人说。那帽子，居然一戴就是十年——真是活天的冤枉！大家以为，他一定会对自己的职业和自己对待职业的态度，有所怨悔、积恨。却不料，刚一平反，他便又执意站上讲台。而我们，从他那常常微笑的眼睛里，从他那素朴整肃的衣着上，实在看不出哪怕一丁点儿应该有的尘霜、委屈和尤怨。

那时，他很忙。白天要上课，改那些仿佛永远也改不完的作业；晚上要备课，改作业，看那些仿佛永远也看不完的书；还要翻资料，还要做教具，还要……这无数个"要"和"还要"，让他时常熬更守夜，乏累不堪。但他依然生机勃勃，严谨认真；对人，则永是一脸热情、坦荡、挚诚的笑意。

现在想来，可能是年少时的感动和崇拜更深刻、更长久的缘故罢：矮小而癯瘦的他，居然影响了我整个中学时代，甚至在我的生命中，埋下了一道重要的伏笔——这让我相信，有时候，一个极偶然的场景，也会成为图腾一样的东西，永远萦绕在你脑海胸际，让你久久地沉吟，深思，感悟，回味。

就是从那时起，我便极喜欢在校园中那由万年青织成的绿墙边，漫步遐想。喜欢在无人的黄昏，或清寂的早晨，凝睇那饱含热情的绿意，触抚那些随意舒展的枝叶，看它们如何在岁月的更迭变换中，永葆那葱葱郁郁的生命原色。

也就是从那时起，便不再喜欢那些随了季节的轮回，而开谢荣枯的花花草草，虽然它们的生命色彩，比起万年青来，要缤纷绚丽得多。

冬去春来。春来又去。在这来来去去的变更中，我也走上了讲台。在我栖身效力的校园中，也有不少万年青，我仍然时常去看它们。看那牢牢矗立似万年不凋的绿墙，看那矮矮趴趴却永远绿意盎然的生命——每每，我总感怀于它们给我的不变的热情和启迪。眼前，也总会浮现出老师当年教我认识它们的情形。

有时细想，自然的种种变异，无非只是格局的不同。时光如流，生命如旅。当青梅竹马的朋友形同陌路时，当海枯石烂的誓言被风吹刮而走时，当山高水长的情感被冲刷得荡然无存时，我们自然会苛责世事的幻变，感叹人情的无常。万物的容颜，会因水的滋润而鲜亮，也会因水的浸渍而苍然。而我们，只是被"譬如"过的一滴朝露，倏然转尔——千千过客，有谁能在飞逝的流光中，登历"雁渡潭而潭不留影，风拂竹而竹不留声"的境界？有谁能在反反复复的岁月里，去留无意宠辱不惊，坦然自得地看那云舒云卷，花开花落？

也许只有万年青了。它让我相信，我们终究可以把握住一些东西。只要坚持，只要保有一份万年不变的心情，便能持续万年的常绿常青——就像我们，只要在生命中，保有一处始终不变的风景，就可以把信念和希望，孕育成一棵万年常青的绿树，任它风雨，任它晴。

1995 年 6 月于苦茶居

梦开始的地方有他守望的身影

我一直将自己的高中，看成"梦开始的地方"。这么多年，在人生路上奔波忙碌，虽有挫折辗转，但始终坚持向好向上的经历，更让我确信，有梦是好的。梦前，是迷糊的，茫然的；醒来，有梦，有梦的支撑，就有了努力的方向，奋斗的激情。

而每当我回望梦开始的地方，总能依稀看见他的身影。

私下里，我们一干要好的朋友，都叫他"宗富先生"，而不叫李老师——宗富是其名，直呼以示亲切。先生则是尊重，犹如称古时有学问、修养好的人为"子"，或"夫子"。他似乎是"老三届"，做过回乡知青，是恢复高考后的第二届大学生。在故乡那所历史悠久的学校，他从初一年级开始，直带到高三毕业。

1985年9月，我有幸成为他的学生。自高二，到毕业，整整两年，聆听他的教导和垂诲，接受他的影响和浸润。

后来，我也像他那样，当了老师，教了语文。也是高中，一教就是九年。初上讲台那段时间，几乎就是回忆着他当年的课堂，以照猫画虎的方式，开始我的教育之旅的。尽管那时的教学，说不上智慧，而只有激情，说不上技巧，而只有直觉，但我始终相信，就教育而言，很多时候，需要出自教师的热情和"本能"（此词，按我的别解，有"本身的能力"之意）。

事实上，从高一开始，我就感受到他的光芒照耀。因为书教得好，他在我们年级，几乎是神一般的传说，常闻大名，却难得亲近。我并非所谓的优生，只是因为喜欢写，也敢写，浪得了一些虚名。当时，他并未任我们的课，但某一次，课间休息时，在走廊里遇见，他居然准确叫出了我的名字，并要我把"自己的作品"给他看看。

作品！他说的是作品，而不是我们习称的作文！这无疑是对我当时盲目涂鸦的一种肯定和鼓励。而他说时，始终微笑着，态度友善、温和，让人觉得真诚和尊重。

那样的年纪里，很容易就生发了感动和对他的信任。我内心激动、紧张，不知道说什么才好，只是连连点头。然后，以最快的速度，整理了一些自觉满意的文字，趁课间休息时，找到他的办公室，诚惶诚恐而毕恭毕敬地递给他。

几天后，那些纸页回到我手中。字里行间，改得一片鲜红，直让我想到那叫"心血"的东西。尤为重要的是，几乎每篇后面，都有他的评语，字数或多或少，都包含着肯定、鼓励和期望——只不过，那些文字不是红笔写的，用的是蓝墨水。

那一腔少年的热血，就这样被鼓噪起来。敏感的心越发自尊，自强。梦想的火燃得更旺，更炽——很长一段时间，我都在想，要是能够到他的班里读书，该是多么幸福、美好。

上天似乎真听到了我的祈祷，高二文理分科后，我坐在了他的讲台下面。

他的课很活，有趣，轻松，听来怎么也不觉得枯燥。他并不太看重教材，而喜欢拓展，创新。有的时政性文章，三言两语，一笔带过；对那些名篇佳构，则深度展开，由一篇，牵扯出另一篇，再一篇，容量很大。有时，甚至在课堂上给我们读小说。印象最深的是，他读《陕北的天，瓦蓝蓝的天》，好像是当年《中篇小说选刊》上的。因为情节感人，他在讲台上，激动，悲伤，哽咽，含泪，终于不能自持，便让我上去，替他读完。文学作品能够以其纯粹的力量，引人向善、向真、向美，那是我第一次强烈感觉到。

被他点燃的血越来越旺，被他唤醒的梦越来越多。因为共同的爱好和激情，我们办起了"滴水文学社"。那是学校有史以来的第一个。我任主编，他是当然的指导教师。从外出采风，到指导写作，再到手抄报展出，他全程参与。有好的文章，就鼓励我们投稿，或亲自推荐给相关报刊发表——他，不断拓展着我们的视野和世界。

也许，年少时的感动和崇拜，对人的影响会特别久远、深刻，甚至像精神图腾一样，永远萦绕在脑海胸际，让人久久沉吟、深思、感悟、回味。而宗富先生有意无意播撒的种子，在许多年后，仍有悠长而美妙的回应——我教书那些年，也以这样的方式，为那些山里的孩子造梦。我组建的"琥珀文学社"，短短两年时间，就有近十个学生的30多篇作品，在《星星诗刊》《四川日报》《语文报》《中学生学习报》上发表，有关文学社的情况，甚至被中国教育电视台专题报道。更为重要的是，我们以那样的方式，传承着文明的薪火，传递着梦想和期望——虽然那些孩子们，并不知道宗富先生的存在。

青春时期，总易于冲动，更何况，有梦想的激情支撑。高二下学期，一直教我们英语的老师因病请假，新来的老师代课，一学期下来，给我们留下的记忆实在太美好，以至让我们留恋不舍，于是联名上书学校想要挽留，而我，是那次活动的组织者和承头人。

学校尽管满足了我们的要求，但对此种"逼宫"的方式无法容忍。于是清查，批评，整肃，并扬言要开除我。但是最终，却不了了之——后来我才知道，是宗富先生向校长说情，并声称，如果真要开除我，他将辞职。听到这事，我热泪盈眶，半晌无言。我家在农村，父母都是老实巴交的农民，如果我真被开除，那后果，真是不堪设想。而在那样的年代，宗富先生，竟以辞职威胁的方式，保护了一个热血青年的前程和命运。

对我们那帮农村孩子，宗富先生特别关照。偶尔的星期天，他会叫上我们几个到他家里。说是谈写作，其实是给我们改善伙食。师母跟我同姓，漂亮，温柔，待人热情，做得一手好饭菜，事隔多年，似乎仍能记得那小厨房里飘溢出的味道。

在那样宽松、和谐的氛围里，他也给我们讲自己的人生，早年的艰辛，过去的经历。才知道，他也出身农村，对农家孩子的命运，有切肤的感触，有发自肺腑的理解和同情。这样的心地和心思，也影响到我后来做教师。我的那些学生们，也得到了我从宗富先生那里得到的恩惠——我愿意相信，这是教育最美好的一面，互相成全，众手相传。

高中毕业时，我填了师范，报了他大学时的母校，选了他读过的中文系。教我的老师，有许多是教过他的。四年里，走在那校园中，有时会想，宗富先生也曾走过这里；在图书馆看书，有时会想，宗富先生或许也曾读过这本；聆听那些先生授课，有时会想，宗富先生也曾恭敬地听过——这样的闪念和遐想里，不禁觉得，生命是多么美好而奇特。

寒暑假回家，偶尔会邀约着同伴，去拜访他。知道他做了教研组长、年级主任，然后是中层管理者，事情多了，工作忙了，他却依然亲切、和蔼，时常面带微笑。每次他都会主动谈起我的那些所谓"作品"。说在哪里看到了，感觉如何如何。温和的言词里，仍如当年那般，充满肯定、鼓励和期望。

毕业后，我在远离家乡的边地小城教书，和他的联系渐渐少了。只知道，他又做了校长、书记。新世纪前后，得知我有意调动工作，他曾托人带信，希望我能回母校教书。虽然最终，我作出了别样的选择，却始终记得他的邀请，记得那份恩情和自己的感动。

2010年8月，接到他的电话，说想邀约些当年的弟子，一起聚聚。多方打听，才知道，是他六十大寿。那一刻的心情，真是难以言说。在往事的追怀里，既有对先生的感念，也有对流年的叹惋——岁月匆匆，太多的美好时光，就这样，被流年翻过去了。

寿宴规模不大，但很热闹，除母校的一些老师，先生的朋友外，就是他第一届学生的部分代表。蒙大家推举，我曾代表班里同学，敬酒三杯，并即兴作了如下贺词——

    听宗富先生在电话里说他快要退休，尽管我知道他辛劳一生，应该安享天年，心里还是不愿意接受这样的事实。因为在我的感觉和记忆里，先生仍是20多年前的样子，年轻，潇洒，气宇轩昂，神采翩翩。先生的言行举止，一颦一笑，在20多年前就铭刻在心，拒绝光阴的流转，也拒绝岁月的改变，甚至历久弥新。

    这样的感觉和记忆，相信也铭刻在今天所有到场的学友心里，铭刻在那些未能到场的先生曾经的学生心里。作为曾经的语文教师，先生对我一生有深远影响。相信对很多人来说，都是这样。虽然我们与他共度的时光只有两年,最多三年。我曾经说过,语文教师,重要的不在给学生多少知识,而在怎样陶冶他们的情操,引领他们的灵魂。我至今也仍然坚信,语文教师应该为学生打下精神的底子,应该成为对学生未来生活影响最大的"重要他人"。这是责任,也是荣耀。宗富先生以他的青春和激情,以他的博学和智慧,以他的思想境界和道德情操,承担起了这样的责任,也赢得了今天的荣耀。

为此,我想提议所有与会者为我们尊敬的宗富先生献上热烈的掌声,并请大家高举酒杯,为他退休后的时光,献上最诚挚的祝福。这是我们所能给他的最好报答——干杯!

在我有限的文字里,每次说到三台中学,我都说它是"梦开始的地方"。我一直觉得,小学是混沌的,初中是懵懂的,大学开始走向生活和世故。只有高中这段,个性开始萌动,意识开始发育,对生活的指望,对人生的规划,对未来的梦想,开始渐渐呈现。这是人生最美好、最重要的时段。我很庆幸自己在这样的时段,能够进入三台中学,在这所有着悠久历史和文脉传承的百年老校,度过三年时光。在母校经历的时时刻刻,在母校感受的点点滴滴,不仅慰藉着当年的求学岁月,也温暖着自己从那以后到现在,甚至今生今世的所有回忆。

为此,请允许我以昔日学子的名义,提议所有与会者高举酒杯,为我们的母校献上最美好的祝福和期望,祝福我们的母校,振百年长风,塑万千斯文,期待我们的母校,有美好的过去,也有美好的现在,更会有越来越美好的将来——干杯!

非常高兴的是,隔着20多年时光,借着宗富先生的盛情和美意,今天我们能与母校的这么多老师欢聚一堂,共叙沧桑。在我们的青春岁月,在我们的高中时光,因为你们,我们的命运被影响,被改变,我们因此成为更好的自己,也因此有了更好的人生。

当年,是你们的悉心引领和关怀,让我们在方方面面都有进步,现在,我们所能做的,只有斟满杯中之酒,真诚地说一声谢谢。铁打的校园,流水的学生,尽管我们只是你们教育生涯中的一批过客,但对于我们每个人,你们都是永远的老师。请相信我们会对母校永怀感激之心，也请相信我们会对恩师永存感念之情——谢谢大家，干杯！

一晃，又是三年，宗富先生早已开始悠闲的退休时光。我也先后出了三五本自己的书，成了所谓的作家。当年的梦想，一步步成为现实。苦，累，艰辛，但一直没有松懈、怠惰，因为我始终感觉到，在梦想开始的地方，一直有宗富先生守望的身影，期盼的眼神……

2014年3月7日改定

年年桃花

还记得大一那年春天，在狮山上看桃花的情形。

那个春阳煦暖的午后，有清新湿润的风，微微拂着。满山桃花，迎风怒放，洒洒扬扬，热烈而泼辣。虽然视野里，有远远近近、纵纵横横的乱树，阻隔着、遮掩着，却丝毫没能减弱桃花那份挚切和执着——那满眼的深红、浅红，仿佛一面面猎猎飘展的旗帜，满盈着青春和生命激情的旗帜。

记得那时，是别了四川师大的校徽，昂首挺胸地满山乱走。年少气盛，壮志凌云，心怀里，也实在有些春风得意的骄矜、狂傲和自豪——虽然现在想起，连自己也不免暗笑那种幼稚和天真；然而再想，在那样的年龄，拥有那样一份美丽的渴望和热切，应该是再自然不过的事。

更何况，是在那样容易令人感奋的季节，那样容易令人热血沸腾、情难自禁的狮山校园。

桃花绚丽灿烂地开了，又不为人知地谢了。在淡泛的时间之流中，浑然成默无声息的平静。生活，在短暂的激昂亢奋之后，日渐呈现出散漫、平淡的本色。就连那枚灿熠的校徽，也在零乱的课本和纷繁的意绪中，渐渐黯淡，失却了最初的鲜艳光泽。

春天过去了，又是春天。

桃花依然一次次灿烂开放，又一次次默无声息成满地落红。在这春来春去、花开花谢的循环更迭中，我数着日子，捱完了漫长清苦的四年求学生涯，穿过激情的祝福和颂歌，走上讲台，开始了更为漫长、清苦的教书生活。而且一转眼，居然就有了十多年的教龄。红樱桃啊，绿芭蕉。

只是，依然忘不了那年的桃花，忘不了那年看桃花时的心情。

这个平静而清峻的冬夜，我寂寥地坐在桌前。备完课，改完作业，展阅着昔日的学生从远远的狮山，给我寄来的祝福卡片。看着那娟秀的字迹，读着那温馨的话语，心里渐渐盈漾起一种莫可名状的冲动和感怀，一如那年别着校徽，在桃花间穿游漫步时的心情——仿佛是在那一刹那间，我才猛然明白了多年前的感悟和陶醉，明白了那无所顾忌地盛开的桃花：那份坦诚的自信和不需求证的证明，那种不求赞美、不屑热闹的寂寞和恬静。

生命，是注定要从热闹喧嚣走向清苦平淡的。这正如窗外的那些桃树，有枝繁叶茂的夏天，就必然有萧瑟寂寥的秋天、冬天。而生命的价值和意义，往往就在这简单而繁复的变化中，才能得到最完美的体现。

又想起离开狮山时，朋友送我的诗句来：

山坡以及山坡上蜿蜒的脚步声
一阵风似的跑到了
山坡之外

你依然从容地坐着
在山坡绿色的风里
开一朵花为微笑击节
开一树花为寂寞挽歌

有一天
所有的狂热都凋谢了
那些脚步声哗哗抖落的日子
才哑出你深长的意味

诗题为《无果之花》，朋友是要以此来勉励我，应安于教育的落寞、清苦和恬静吧。这么些年了，在校园里的岁月，讲台上的感受，种种甘苦，种种荣辱，我才终于真正"咂"出这深长的意味。心怀里，不禁再次漾满一种幸福陶醉的感觉。

我也因此知道，在熬过了最漫长艰辛的寒冬之后，属于我自己的那一株桃树，将又一次花满枝头，笑迎春风……

1995年3月于苦茶居

一张贺卡

每年教师节和元旦前后,我都会收到一张张贺卡。它们像多情的鸟儿一样,满载着问候和祝福,从不同地方栖落到我办公桌上——它们,大多是以前的学生寄的。质地或精美或粗拙,言辞或简单或丰繁,都一样给我感动和温馨,让我由那些落款开始,回想起寄卡者曾经的种种。

唯有一张例外。它带给我的,既不是感动,也不是温馨,而是惭愧和内疚。收到后,一直放在办公桌抽屉里,每天上下班都能看到;每次看到,都让我不由得自省,自责。

那是去年教师节时,班里一个女生送给我的。不是通过邮局寄来,而是趁我不在时,直接放到办公桌上的。自制的贺卡,用信封装着,简单,粗朴。封面有一句英语:"HAPPY TEACHER'S DAY",手写的。看得出,精心地描了又描。贺卡内页,写着这样一段话——

敬爱的老师:谢谢您在两年多里对我的谆谆教诲。也许我在您心中,仅是一棵不起眼的风铃草,因为我未曾在自己的生涯里努力地耕耘,努力地奋斗。但失去了就再也找不回来,我只想好好珍惜剩下的。

后面的落款,是两个大写的拼音字母:ZJ。猜想,应该是姓名缩写。于是像放电影一样,在脑子里仔细地"过"了一遍所有学生,费了好大劲儿,才"锁定"了送卡人——是她,那个成绩很差的女生,那个老是迟到,作业很难按时完成,几乎被我忘记的女孩。我教她们班语文。印象中,她总是坐在教室最末一排的角落里,显得郁郁寡欢,默默少言。

她其实并不笨,人也大方。新生入学时,我和她曾狭路相逢过。她恭敬地喊了一声"老师好",然后侧着身子,让到路边,请我先行。就是这一侧一让一请,给我留下了很深的印象。因为像她这样对老师(特别是对陌生老师)彬彬有礼的学生,实在不多了。

随后的课堂提问中,我记住了她那颇有文采的名字。她的作文写得挺不错,我曾在评语中,给过一些肯定和鼓励,但其他学科却比较糟糕。第一次半期考试,她的名次就几乎垫底。她其实挺用功,成绩却始终没有大起色。期末考试,她仍是最末几名。到下期开学,她就坐到了教室靠后几排。她的情绪越发低落、抑郁,常常面带落寞、愁苦。她的成绩,自然比原来更差。

她对语文,原本还有些兴趣的,上课时也算活跃。但自从坐到教室后边,渐渐地,上课时也没了声息。

记得我曾找她谈过一次话,了解到她的一些情况:家在农村,经济不宽裕,父母供她上学,多少有些吃力。所以她总觉得压力大,想学好,却总学不好。"老师,"她说,"我也不知道怎么回事。"说着说着,就哭了。

我连忙安慰,又鼓励一番。不过是要她放宽心,尽力而为。"只要努力,终究能够有所收获的。"我说。她低低地点头,喃喃着说谢谢老师关心,然后,怯怯地走了。

但她的成绩,依旧没多大起色。

高二文理分科,不知什么原因,她居然选了并不擅长的理科。她的成绩,于是越发差了。每次考试,差不多都在全班垫底的位置。也许就因为这个吧,后来,我便没再单独跟她交流——对成绩差的学生,老师往往缺乏必要的耐心。我也有这毛病。更何况,我并非班主任。

进入高三后,工作更忙了,渐渐地,就淡忘了她。偶尔在校园里碰到,她也只是低着头,怯怯地喊声"老师好",就匆匆走了——现在还记得,那时,她总是满脸慌张,泛着微微的"羞红",那黑亮的眼里,也总有一抹淡淡的哀愁。

应该说,我对她其实并不够好,没能尽到一个老师起码的职责。但她不仅没怨怼我,反而以那样的方式,表达对我的尊敬和热爱。也许,从成绩上说，她和那些好学生相差甚远，但在尊敬师长方面，和那些成绩好的学生相比，她做得一点儿也不差，甚至更好。我们这些老师，却往往厚此薄彼，不能公平地对待每一个学生，想来真是惭愧不已。

那女孩早已毕业了。对她后来的情形，我一无所知。转眼间，好些年就过去了，逝去的日子，一点点冲刷着曾经的记忆——岁月无敌，时光无痕，但她那张薄薄的贺卡，却像刀片一般，在我心上，刻下了重重的创痕，让我从此对所有的学生，都不敢轻易忽视和怠慢，哪怕他（她）成绩很差，很差……

1998年9月于苦茶居

十年前的一份答卷和惭愧的现在

整理旧物时,不小心发现了一份十年前的答卷。

那是我读大学时的一次作业。一篇有关"教育学"的小论文。推想起来,具体时间当在大二上学期,刚开课不久。教那一科的老师姓甚名谁,音容笑貌如何,现在全忘了。只记得,好像是个男的,很年轻,口才不错,读的书多,课上得也挺好。可惜,我们多不愿意听那些枯燥的理论,不愿意记那些繁琐的教条,虽然以后我们大都要从事教育工作。

有一次,讲完课后,他布置作业,要我们"参考"课本内容,写一篇有关"各个社会形态的教育特点"的小论文。照直说,就是一道简单的问答题。只要将有关内容,从教材里抄到作业本上,就可完事得分。但我当时很调皮,不愿从众,又特别反感那种抽象、教条的死道理,便用了一种自认为特别的方式,应付那次作业。

我将那份答卷原样照录如下——

没有什么问题,能比引导我们满怀爱心和热情,去面对我们的学生更为重要。无论是研究教育现象,还是揭示教育规律;更不用说只言片语,照抄照搬课本上现成的"各个社会形态的教育特点"了。一切僵死的教条和规范,除了遏制和扼杀教育者的创造性外,绝无其他更好的效益。

从心底里说,我喜欢教书这项工作,犹如我喜欢写诗和创造一样。因而我将用我的实际行动,来表达自己对那种照录书本、以求得分的作业方式的厌倦和反感,尽管我知道,这样做,要冒着得"0"分的危险。而且，真要我说出一个称职教师所应具备的"爱心和热情"，具体该是怎样的内涵和外延，我也很难周全，细致。但我愿意借用米斯特拉尔，这位因其"富于强烈感情的诗歌，使她的名字成为整个拉丁美洲的理想的象征"，并获得1945年诺贝尔文学奖的"抒情女王"的一篇散文，来表达我的想法——

女教师的祈祷

诲人不倦的主啊，请原谅我从事教育；原谅我僭用教师的称号，因为这称号你在人间用过。

请赐给我爱，让我把它全部倾注在我的学校；连炽热的美也一刻不能夺去我对学校的情意。

导师，让我的热情经久不衰，让我的绝望成为过眼云烟。斤斤计较这种不纯的愿望，仍然扰乱我的心灵，受到伤害时，我仍会产生卑劣的不满心情。这一切，请你从我身上清除，别让我为了学生懵懂或前学后忘而伤心痛苦。

让我比做母亲的更为慈爱，像母亲一般爱护那些不是我亲生的小孩。请你让我的女学生成为我完美的诗歌，让我最隽永的旋律深入她心中，有朝一日我的双唇不再歌唱时，她可以替代我。

……给我朴质，给我深度，让我每天教学时避免繁琐平淡。让我每天早晨昂起头来到学校，把心灵的创伤忘掉。让我在工作时，抛开个人物质的追求和世俗的苦恼。让我的手在惩罚时变得轻纤，在爱抚时更加温柔。别申斥我，因为我爱之深才责之严。让我的砖土学校有崇高的精神，让我热情的火焰，温暖它寒酸的门廊和简陋的教室，让我的心意和善良的愿望，使它比富有的学校更为富丽堂皇……

这篇散文是如此震撼了我，感动了我，以至我鼓着勇气将它抄了下来，作为我的答卷。先生，在你看那些千篇一律的答卷，有些头昏脑涨、恹恹欲睡时，读一读这篇优美的"祈祷"，我想，你或许也会有些许感触吧——从这里毕业后，我们所要面对的，将是一张张年轻的脸，一双双稚纯的眼睛，一颗颗柔嫩的心灵。作为教师，作为所谓的"人类灵魂的工程师"，除了满怀爱心和热情地指点他们，引导他们，我们还能说些什么？

　　我不敢说自己将来在教育上，会有多大成就，正如我不敢奢望自己，在诗歌上有多少作为。但我将满怀爱心和创造的激情，努力为之奋斗。我知道，重要的是那过程。

　　我不知道这份答卷，能否代替这次的作业。但它能代表我的思想。至于这样可能冒犯先生，那实在是我应该请你原谅、宽恕的。

中文系87级3班　谢　云

　　现在仍不知道，当年那位先生，在看到我的这份"作业"时，会是怎样的心情。令人感动的是，他容忍了我的"造次"。科代表发还作业时，我的答卷上，有他宝贵的墨迹。大大的"阅"字旁边，还有一行批语，原文是："此篇'作业'我能接受，其他学科是否能用这种方式替代，请谨慎为之。"记得当时，我是颇有些自豪和骄傲的——为自己的言行和选择的方式，甚至为自己略显肤浅、生涩的所谓思想。

　　转眼间，就过了整整十年。到现在，我已教过三届学生，有了八年教龄。再看这份答卷，心里禁不住满是愧疚、酸楚和伤恻——为自己当年的幼稚，现在与那时的差距。

　　毫不脸红地说，刚站上讲台那阵，我的确谨遵最初的"承诺"，满怀爱心和热情地对待学生。我说过自己虚荣心强，好为人师，喜欢别人尊重我，敬仰我。而讲台和学生，给了我充分的表现机会。面对"那一张张年轻的脸，那一双双稚纯的眼睛，那一颗颗柔嫩的心灵"，初为人师的我，激情洋溢而急于事功，恨不能将自己知道的一切，一下子全部传授给他们。我与他们平等相待，融洽相处。甚至容许了他们对我的另一个称谓："谢头儿"。因为我觉得，这里面透着一份亲热和亲切。

　　然而，学生毕竟是学生，要求高了，总不免让我失望。热血易于沸腾，也容易沉落、退降。很快，便觉得沮丧、气馁了。

再看周围，不少老师依旧是传统的"一根教鞭治天下"，轻轻松松，无忧无虑，无烦无恼，一样的"师道尊严"俨然。于是觉得自己，太年少气盛，太意气用事了——"何必费那么多心思，吃力还不讨好"，老教师这样的"教诲"，竟然也听进去了，而且落实到行动上。该出手时才出手，不该出手就"甩手"。而且居然就将课教下去了，居然就将日子打发走了——自然，当年的雄心早已不再，当年的壮志，也渐渐荡然无存。就连那一份曾经偏激、热狂的答案，也像过时的旧报纸、旧期刊，不知被扔弃在哪个角落里了。

我其实知道，教育，作为人类文明薪火相传的一种方式，更重要的，是人类精神和生命的代代递交，是一代代人个性和人格的习得与养成。然而现在，无论是教育者，还是受教育者，都敌不过要命的高考。升学率的压力，一层层降下来，落到肩上，常常弄得自己情不自禁，言不由衷——原本要公正对待每个学生的，却总忍不住对成绩好的，多了些"青眼"，对纪律差的，多了些"白眼"。考试差了，更少不得批评、指责，甚至讥讽、奚落。如此，三五回地气急败坏下来，弄得学生累，自己更累。对教育，也再没了当初的信心和热情，只余下敷衍和应付。

偶尔，心里也会蠢动。毕竟还年轻，不甘于就这样浑浑噩噩下去。但每次，想有所作为的念头刚涌上来，或落到行动中，就会被种种莫名的意绪，弄得一头雾水，满心灰凉。结果，往往是热血沸腾三分钟，情绪激昂一阵子，便又冷了，淡了，平静了，麻木了。再回想那份"答卷"，真不敢相信，当初，居然有那么大的勇气，居然能够那么坦诚、率真。

后来，看过一部电影：《生命因你而动听》。说的是美国一个立志成为音乐家的青年，因生活困窘，不得不到学校代课，以谋求生计。但他渐渐喜欢上了教育，并在那学校里，一教就是30多年。30年多后，他已老态龙钟，要退休了。他的历届学生，遍布天下的桃李们，齐齐回到母校，为他举办了一场盛大的音乐会。当年那个乐感最差的女生，现在已是州长。她说：我们要深挚地感谢老师，我们的生命，因为他而变得动听。

故事在感人的场面中结束，自己却久久不能平静——心里，除了激动，就是惭愧和伤感。我得老实地承认，自己不是一个好老师，甚至，不是一个合格的老师。至少，不是当初想成为的那种老师。无论过去，还是现在，甚或将来，我都没法让我的学生，发自内心地对我说："谢老师，我们的生命，因为有了你而更加动听。"

现在，又一届学生就要毕业了。他们中的部分人，将来或许也会从事教育。我不知道，他们会怎样看待这一事业。我不知道，他们将来面对自己的学生时，会是怎样的心境。我只想告诉他们，教育固然不无神圣，却又不能单靠理想和热情，还得有献身的精神，持恒的坚守。特别是今天这样的时代，选择教书，就意味着要比别人承受更多艰辛、烦劳、委屈、苦涩、悲凉和无奈——当然，我希望他们能做得比我好一些，更好一些，希望他们在将来，回首往事时，能比我少一些愧疚、酸楚和伤恻。

所以写下这篇短文，既作为自己的忏悔，也算是我送给他们的最后一份纪念吧。

1999年6月于平武苦茶居

那些岁月，那些光

1

我不止一次说过，人的成长，如蛇的蜕皮，是个体的事情——很多时候，那种痛苦、挣扎，那种艰难、艰辛，都只能独自面对和承担。

但，人毕竟是群体动物，离不开群体的牵挂、关联，也少不了群体的温情和恩惠。我，也是如此。近20年从教路上，三五朋友，及其绵长、真挚的情谊，像一盏盏灯，照耀着我，温暖着我——回望岁月，我不断感受到那些光的存在。

上帝说，要有光，于是就有了光。那些朋友，仿佛带着上帝的意旨。

2

不得不说，最先让我感觉温暖的，并非同事。在长达九年的一线教育经历里，他们就像那间办公室，庞大而沉默。四壁厚墙，围着稀薄的空旷和茫然，仅有的窗户，也未能改变光线黯淡的本质——九年里，我在其中，也只是"在"其中而已。他们在我周围，也只是"在"我周围而已。

大学毕业后，就到那个边地小城，同学都说我是"被发配"。远离家乡，独在异地，说举目无亲，一点也不夸张——心境落寞，小城又委实小，除几座山和一弯河外，别无多少去处。又或许，自己沾了些文人的清高孤傲，不屑交游，课余便多半离群索居，枯坐陋室，读书，喝茶，抽烟，偶尔写些卡拉 OK 式的自娱文字。倦意上来，便收了双脚，蜷缩在那张日益破败的老藤椅里，歪看窗外的法桐，闷想散乱的心事——越想越散，越想越乱，心境也便越发落寞，茫然。

这样的生活，毕竟迫不得已。也就渐渐走出去，并由于文字的缘故，在那小城里，有了三两个能够说话的朋友。

3

县志办的曾维益，便是其一。他是土著，年长于我，性格怪异，但颇有才情，被称作"夫子"，以其迂和硬。他也吃得苦：从农家子弟走到那时，后来又走上北大的讲坛——早些年，为研究当地少数民族白马人，长年泡在山寨里，时常翻山越岭，四处搜集资料，有次车祸，差点丢了小命——我认识他时，见到了那场车祸的遗迹：脸上的疤痕。

不过，那些疤痕和他的潜心研究，既给了他不低的学术地位，也给了他极大的社会影响——那时，他虽在县志办任职，却不坐班，经常在政府各办公室乱串，胡乱抓报纸、杂志看，自云"奉旨游玩"。

一不小心，就和我游玩到一起。看了我的一些文字，听了我的一些想法，他仿佛终于在山林里发现了同类——他有一则"语录"说："人与动物的重要区别之一是动物不会吃烟、喝酒、赌博和进包厢干那活儿。这些被部分人认为是潇洒行为的行为我一样也不会，因此，我仍然是动物，并且永远也不会进化成有这种潇洒行为的人。"

他对我这还带些野性的同类，有点惺惺相惜，能够开诚布公。他嘴臭，但话糙理端。

"给你两点建议，"他说，"第一，不要屙尿擤鼻涕，两头都想捏，你不可能两头都捏住。第二，不管怎样，你要膨胀自己，壮大自己，到这里容不下你了，你就能伸展了。"

4

　　事隔多年，想起这两点建议，我仍能记得自己当时的震撼。所谓"听君一席话，胜读十年书"，便是如此吧？那时，我多少有些怀才不遇的牢骚，也有着明珠暗投的不满。但牢骚、不满后，并没有想过，可以通过自己的努力，去一点点改变——仿佛沦落暗黑的深渊，并以为就将在那暗黑中，一直沦陷下去。

　　但他的建议影响了我。他脸上泛光的疤痕，唤醒了我——自那以后，他便经常"奉旨"与我一起游玩。吹壳子，摆闲条，偶有思想的碰撞和对接，甚至争得脸红筋涨，冷静下来，又让人觉得受益匪浅。

　　他嗜书如命。他有一方印，叫"日无泪垂"：一日无书，便欲垂泪。他阔大的书房里，最显眼的地方，有亲笔手迹："书与老婆，恕不外借。"但对我例外：我略有存书，能与之互通有无，所以偶能借走一些。逢着好的，他甚至主动推荐——现在想，这或许就是精神的传递和感染。

　　那时，我偶有文字在报刊发表，多半是他先看到，然后告知我，祝贺，鼓励，也就文论文地建议和批评——依然是坦诚而有建设性的。

5

　　如他所言，我真的开始"膨胀"：我和学生的关系越发融洽。我对生命的理解和思考，越发明晰。我所带的班，成绩越来越好。我的文章不断发表，获奖，甚至被《新华文摘》转载，被《四川文学》一年刊出三次。然后，加入市作协，省作协，又被评为全市"十大杰出青年"。这在那个偏僻穷县，真是破天荒——在小城里，我终于"壮大"成了小小的名人。

　　得说说那个"老少边穷"的小城。偏僻，荒远，便不免闭塞，保守，所谓"庙小妖风大，池浅王八多"。最典型的，就是特别"排外"：在那里，我永远是异乡人，局外人，很难真正融进去；在那里工作九年，包括成为全市"十杰"那年，我的职称考核，没有一次"优秀"。

我很郁闷，满心灰凉——但是他告诉我，别争。

"争这些干什么？"他说，"争这些，就是把自己等同于他们的水平！"他告诉我老子的话："以其不争，故天下莫能与之争。""晓得不，你现在的东西，是谁也争不到的，而他们所争的，对你的人生，没有任何意义！"

他说得那么坚决，又那么真诚。他的眼里，几乎要迸溅出火来——我知道，他多半想起了自己的遭遇：那些不公和倾轧，那些蝇营狗苟的争夺。

从那以后，我便只管做自己的事。然后发现，真就没有人能够与我再争了——因为我的世界不在那里。我的世界，包括我自己，都不在他们身边，他们，谁能与我再争？

那时，我已经知道，我的生活不在这里，而在别处。

6

别处其实也不远，就在市里——工作八年后的那个冬天，异常冷冽的日子，我生命中的"贵客"来了。

还真是贵客：做过市进修校校长，享受着国务院政府特殊津贴，名动四方的教育专家。尽管来前已通过单位电话预约，见到他，我却仍觉"幸福来得太突然"——他受市里一家报社委派，专程来采访我，要写一篇比较大的人物通讯。

这让我诚惶诚恐。

客却极和善，蔼然，鬓发灰白相间。以年届花甲的高龄，又捱着干冷，坐着公共汽车，在漫长崎岖的山路上，颠簸大半天，而其目的，居然是来采访我这名不见经传的小卒——想想，就让人觉得暖意盈胸，感动满怀。

采访就在寒舍进行。以前也接受过采访，主要是谈创作，而对方，往往不是文学中人。这回要谈的，却是教育教学，而对方，是行家里手。意识到这点，顿时有鲁班门前抡大斧的惶恐；又仿佛不专心听讲的学生，却被老师抓了个正着。

客说，随便谈，莫紧张，我们是同行，互相切磋吧。

于是就谈。围着一盆炭火，各自就着一杯本地绿茶，边饮边谈，边谈边饮。渐渐地，就觉得亲切、随意、自然。我絮絮诉说自己的点滴：刚来时的人地两疏，始终坚持的教学原则，与学生相处的感受和想法，特别是利用休息时间，创办文学社，指导学生写作的甘苦得失。

"不容易啊不容易，"客边听边记，边唏嘘感叹，"我也曾是一线教师，我能理解你的苦楚和艰辛。"说时，客轻轻拍抚我的肩，神情里满是鼓励和期许。

我再次感动莫名——仿佛么多年的苦楚和酸辛，只为等着听这样一句话。

7

是夜饭罢，客又邀我到他所住房间续谈。依然是一盆炭火，一杯绿茶。一老一少，相对而坐，话题乘酒兴而出，越发恣意汪洋。

客说到人生经历，"文革"时所受的坎坷磨折，动情处言语哽塞，几欲老泪纵横。客一再嘱咐我要好好教书，好好做人，好好写作。又让我检选所作文字，编成一集，由他带回，说要想法找人出版。我以为不过是客气话，次日临行，客却执意带走了我的稿子。

客走时，我送了一点儿土特产，聊表心意。客多方推让，勉强收下。没想到，不几天，客却寄来一封信，并100元的汇款。信中再次表示关心和鼓励；汇款单附言，则申明是给犬子一苇的"压岁钱"，并有"一苇兔年快乐，兔儿乖乖！"之语。心知是客对土特产的回礼，便忍不住感叹："这老先生！"

更没想到，春节时，我打电话表示问候和感谢，客为我的电话费计，竟让我放下电话，再由他给我打过来！

8

为我的集子，客跑了不少路，求了不少情，费了不少神，最后，还是搁浅了。

"真没想到，办事如此艰难。"客黯然而叹。我早已碰过壁，倒不觉得什么，客却始终内疚，在信中一再说"对不起"。其实，该说对不起的，是我——我与他，不过萍水相逢，何敢劳烦他如此奔波操心，托情费神？

　　集子没出成，我的生活却发生了变化。他以他的地位和影响，四处广告我的事迹，竭力宣传推荐我——然后，现在工作的单位看上了我。然后，我拖家带口调离了那个小城，来到现在的地方，做了现在的事情。

　　从未想过，我能如此轻而易举、几乎没有任何"破费"，就完成了最伟大的调动，并且是举家而动，还是一举到了市里——我早知道，在中国，再没有比调动更难的事。我曾说过一句俏皮话：再没有比跑调动更轻松的了，我都跑好几十次了。

　　我刚到新单位时，每次下学校，都感觉到，自己的名声，早已先于我的身体到达，并广为人知：区内的校长、老师，一听我自报家门，都说"早听说了，早听说了"——心里便明白，是老人家广告的结果。

　　我应该记下来：老人姓张，名仁诚——初次见面，他自我介绍时，这样说："仁义的仁，诚实的诚。我这一生，为人处世，唯求仁义诚实。"听其言，观其行，正所谓"人如其名"者。他以他的言行改变了我，更以他的人格影响了我。

　　像一盏灯，他照耀了我。虽然我知道，他的光，不只照耀过我。

9

　　在新单位，转眼又是九年。九年里的最大收获，是学会了与同事相处。这对我的人生来说，格外重要。而所以能够如此，除了同事本身的优秀外，还得益于两位兄长式的领导。

　　"不是偶然想起，而是经常挂念。"前几天，在陈大伟先生博客里看到这话时，我不禁留言："很多事，都不是偶然想起，而是经常挂念的。生命中，能有这样的人和事，挂念或被挂念，都是幸福的。"——我是有感而发。

　　大伟是我的前任领导，因年齿相若，有时也以哥们称之、视之。他率性，真诚，书生意气。我最终能从那偏僻小城走出，是因他的惜才和接纳。

刚到单位，他对我和我的家庭，关照和帮助颇多。我的住房，老婆的工作，小孩的入学，都得益于他的帮忙和操持。

他的狷介性情，他对事业的理解和执着，深深影响着我，虽然我们共事不过两年。而在离开后这些年，他的事业成就，他对教育的不懈追求，更是让人难以望其项背。但我记住的，不是这些，或者说，不只这些。

我经常想起的，是他临走前，对我的叮嘱和期望——他特意请我到他办公室，关切地问我对事业和人生的定位，并推心置腹地说："你应该坚持自己的事业，不一定要在教育方面花多大力气，文学，才是你的真正事业。"

同为教育中人，若非真正的朋友，若非真正的尊重和理解，他是不会说这话的——我记住了他的话，记住了他说话时的声音、语气、神情，更记住了他的坦率和真诚。

只是，这些年，无论教育，还是文学，都没多大长进。年复一年，仍是一张老脸。每想起说那番话时他的真诚和期望，都不免愧怍，汗颜。

10

跟现在的领导在一起，私下场合，都叫他魏哥——心眼里，是将他当作真正的大哥，好大哥。不只是我，很多同事，私下讲起他，都这样说。

他原在另一个单位。我们第一次接触，就感觉亲切。后来我们喝高了，他抱着我的头，亲密地说话，他的胡子扎得我脸上生痛——他也是性情中人。

那时，全区刚开始课改实验，局里要作一篇综合课程实践的报告，他推荐我写——那时，我并不擅长写公文，但他说相信我能写好。我只好答应。我的最大毛病：不会拒绝。我的最大原则：不做则已，要做就做好——虽是陌生的领域，但既已承诺，只好现学现写，好几天熬更守夜后，居然也就完成了。他一看，连连叫好，局领导一看，也说不错——从那时开始，我就走上了公文写作的"不归路"。

但说实话，我并不特别反感，虽然有时也不免烦躁，抱怨。因为我所写的，多是自己的本行，而我所思考的，正是教育——有时甚至觉得，能通过上传下达的公文，渗进自己的思考和想法，以影响和改变教育的面目，尽管可能微茫，多少也算是功德。

　　五年前，两单位合并，他成了我的现任领导。五年里，他不断影响着我，改变着我，通过我们的共事，通过与我的交流。他最大的特点，就是能够让人累，却又让人觉得，这样的累很值得。所以同事都说："在魏哥下面工作，是累并快乐着。"

　　这是真的。他对教育的理解、思考，远远走在我们前面。他不断以他的思考引领着我们，他不断以他的人格魅力激励着我们。

11

　　"人生得一知己足矣，斯世当以同怀度之。"这是鲁迅给瞿秋白的话——回望来路，念及那些曾经照耀、至今仍在照耀着我的灯，感受着那些曾经让我温暖、至今仍让我觉得温暖的光，我每每想到这句话。

　　经由他们而引发的改变，现在，我习惯于更多地反省自己，更多地思考教育。作为结果，除一部分教育随笔外，最重要的就是《江湖一刀教育语录》。在那几万字的篇幅里，凝聚着我对教育的理想和激情。

　　现在，我想用其中一则，来结束这篇文字——

　　　　一个人的命运就是他周围的人，无意中听到的这句话，据说是某部电视剧的台词，感觉精辟。跟什么样的人在一起，就会有什么样的生活，形成什么样的性格，最终，造就什么样的命运。

　　我知道，这其实也是我的有感而发。

2009年1月6日

穿越 20 年的生命回声

跟郁子再次联系上，已是 20 年后。她高中毕业，已近 18 年——20 年来，我始终记得她当初的样子：乖巧的个儿，齐额的刘海，清汤挂面的发型；略显羞涩，内向，偶尔一笑，微低着头。也记得她的聪慧和机敏，文笔老练，才情卓异。她是那届学生中，语言感觉和表达都特别棒的。在我为他们创办的"一痕文学社"创刊号里，她以两篇散文占据头条位置，成了首位"一痕之星"。不过，遗憾的是，由我命名的那个"一痕"，竟然一语成谶，真的只留下一道浅浅的痕迹：仅出刊两期，就停刊。

关于那届学生，我所记得的，当然还有很多。部分人有所联系，少数几个，偶尔聚聚，或在 QQ 上打个招呼，闲聊一阵。毕竟，那是我的第一届学生。我教他们，很用心，很卖力，仿佛恋爱和新婚时，向"那一半"讨好——每次上课，都有约会的感觉；每有创意和发挥，心里都会分泌出一种"甜蜜的犒赏"。我带他们春游，秋游，野炊，露营；放下语文课，带他们去踏雪，玩雪，打雪仗。我也给他们推荐和朗读美文，开讲座，办文学社——我甚至愿意他们私下叫我"谢头儿"。

在后来的文章里，我把那段时光，称作"蜜月期"，那是我与教育最激情、最纯粹、最美好的梦幻时光。

但，蜜月总是短暂的。我带他们，只到高二结束。学校为"保高三"，换了"老教师"教他们。我郁闷过，甚至愤怒过，但那里是我的异乡，"人在矮檐下，不得不低头"——变动是在假期，像足球比赛的"突然死亡"，我和他们，甚至没有告别，一切就已结束。我选择了屈服，但保持了愤怒：接下来那届，我拒绝当班主任。

他们在校的最后一年，我们经常会迎面遇见，在走廊上或校园里。毕竟，只是那样小的学校。他们问候，我就点头、微笑，时间宽裕，也说几句话，大多是客气的寒暄，或问问学习的状态和感觉，如此而已。而当他们毕业离开，大多数就散了，远了，淡了——不得不遗憾地说，那一届的高三，到底没能"保住"，那么多优秀的孩子，真正上线的，包括专科，似乎也没有几个。而郁子，是其中之一。

我在那所学校，待了整整九年。他们中的某些人，曾在放假时来看我，一次，两次，或多次。更多的，则是在逢年过节时，寄张贺卡，道声问候和祝福。

郁子是毕业后我就不曾再见过的。但她给我寄过贺卡。印象最深的，是她大学毕业刚当老师时的那一张。现在，我仍记得她的笔迹和话语：

　　……直到现在，我仍记得你当年在我一篇周记中写的评语："信念告诉我的人生，没有比脚更长的道路，没有比人更高的山峰。"我一直以此激励自己——虽然这话不是你说的，但是经由你的笔告诉了我。谢谢你，老师！

从那时到现在，我一直知道她的行踪，也曾多次想法联系，但说来奇怪，同在一个市里，近20年时光，我们居然一直没能联系上。

帮我忙的，是一个陌生电话。原来学校的一个同事，现在做领导了。他在电话里说，学校要修志，而我当年的经历，先后闹腾的两个文学社，将是重要一笔，有关情况要与我见面细谈。于是就见面，细谈。

说实话，那地方虽是我蜜月的"发祥地"，后来，却成了灵魂的"伤心处"，离开时毅然决绝，满怀悲壮，离开后就再没有回去，甚至拒绝回忆。这么多年过去，当初的种种，早已模糊。所以，席间我叫了当年的学生高明（他已调到我所在区域的学校里教书）过来，让他参与回忆。那同事说，希望能找到当年的刊物，但我留存的，前些年搬办公室时，被彻底清理了。因此只好把任务交给高明，让他跟同学联系，看能否找到。

这是春节前的事。没过几天，收到来自北京的EMS，是勇凌快递的两本《一痕》——钢板刻写，蜡纸油印，册页脆黄，字迹漫漶，但保存完整。

这事儿到此，差不多就结束了。但开学后不久，有人在QQ里申请加我好友。看资料，看网名后的拼音缩写，便断定是郁子。果然是她——惊喜中寒暄，说工作，谈家庭，聊孩子。我感慨：每每想到他们已三十六七岁，真不敢相信，因为印象里应该才20多，而记忆中，仍是当年的样子。她也感叹：时间过得真快——她的话，简洁，平实，一如当年。

因为她要上课，第一次聊天很快结束。第二次，简单问候和寒暄后，郁子突然说："我告诉你一件事。"看到这句话，我似乎感觉到，她在网络那端的严肃和认真，心里不由得有些紧张。她说，"一痕"的事她已知道，她也保存着当年的刊物，"完好无损"。高明告诉她情况后，"我回家找到拿出来看……我老公看见了，惊讶地说，你以前还搞这些？"她说，"真不好意思，你当年教给我们那么多，我却没有好好继续，这是有原因的"。

此前，她每敲一行字过来，我都应答，表明我在认真聆听。说到这里，她突然打断我："你等等，这段话有点长。"我于是等待。差不多10分钟后，她发来长长的一段文字——

我一直认为，高中三年只有前两年我是快乐的，你带我们在文学里遨游，去看展览，下雪时允许我们不上课去打雪仗，你激情澎湃的课堂都让我觉得沉醉其中，我怀念那个时光。然而，高二结束，你不再教我们，我当时内心非常失落，我一点都不适应新老师，语文课我听得索然无味，再也找不到你教我们的感觉。我从小学开始记日记，一直坚持到工作的第一年。但我回头去看，却惊讶地发现，高三这一年我一个字都没有留下。那一年是压抑的，因为升学的压力，又是落寞的，第一次考语文，我做得不好，因为我总在想，如果是你教我，我会做得更好。那时，我在校园里也经常碰见你，可每次我都逃也似的走了。我害怕面对你，因为你曾经对我寄予希望，而我并没有做好。此外，我心里还有一丝丝的怨恨，你为什么不继续教我们呢？（这种不解，我后来读你的文章找到了答案。）高三毕业，我上线了，但语文考得不好，尽管许多人羡慕我，在那样的学校，能上线实属不易，但我填志愿不当，导致我读了师专，而且是中文系。我极度失望，高考时我的语文考得不好，加上高三的心境，我不想读中文系，所以找人帮忙，转到了英语系。原本我也是喜欢英语的，成绩还不错，所以影响不大。但我再也不想提语文了，所以，高明对我说，你写一些文字吧，纪念《一痕》，我告诉他，我已经很久没写了，这十几年来，我写得最多的就是工作计划和总结……

我默默看完，呆愣了好一阵，才告诉她："伤感，眼里有泪。"我说，我也特别怀念那段时光，特别想念那一班学生。所以，他们每次聚会，我都尽力参加。虽然在那里，我特别容易感觉到时光不再，感觉到自己的衰老，但我依然喜欢和他们在一起的氛围和感觉。

"你给我们的影响太大了。"她说，"我回忆那段时光也是伤感的，尽管我不是你最好的学生。"郁子告诉我，通过网络，她一直在了解我的情况，"这些年来，你有很多优秀作品，我在网上看见，有些非常感人，也让我回想起那段时光。你的努力收获了许多东西，作为学生，我为有你这样的老师自豪。"

最后，郁子说："我也是老师，我觉得遇见一个好老师很不容易。"

看着这句话，我再次想起勇凌——她也是我喜欢的一个学生，牵挂多年的学生。当然，她也牵挂着我，毕业后，连续好多年给我寄贺卡，有时则会是一些小礼物。我专门给她写过一篇散文《祝福年年》。她定居北京后，我每次去，只要知道消息，不管隔多远，她准会赶来看我。春节前夕，收到她寄的刊物后没几天，我在她QQ空间里，看到了有关《一痕》的文字，尽管语气里满是"云淡风轻"，但笔底，依然有留恋，有惆怅。

青春往事，有时想起，会让人激动、兴奋，但更多的时候，尤其在渐老的心境里，很容易引发失落和伤感——看到勇凌的文字，很长一段时间，我就沦陷在那样的怅惘和纠结里。

跟郁子聊天时，我曾说，我一直不觉得自己是好老师，但是很幸运，我总能遇到那么一些好学生，这可能是我直到现在，对教育仍然有理想、有激情、有美好情怀的原因。我说："你那一长段话出来，真忍不住掉泪。我在想：

要是当年，我能继续教完你们，会是什么情形？虽然我知道，历史是不能假设的。"然后，我特别告诉她："谢谢你让我知道，我那两年给你们留下的印象和影响，这是对过去岁月的最好抚慰，包括那时的委屈和酸辛。"

这是真的——虽然在那一瞬间，心里有微暖、微酸、微涩的感觉，为自己当年做得不够好，未能完成应该完成的使命，就像年轻时不懂得爱情，尽管用了全副身心——而那穿越20年岁月的回声，让我真切感觉到自己曾经的生命所在，曾经努力的意义和价值所在。

人与人的交往，很多时候，你并不知道会给对方留下什么。生命的微妙就在于，它有许多说不清、道不明的因果，有许多埋伏和潜藏的线索。你很多年前一次不经意的笑，一句话，一个动作，也许就会成为对方未来生活的一次铺垫，一种伏笔，某种状态或情结的源头。

我所理解的教育，也正是如此：时间在流逝，岁月会过去，学生会渐渐远离，慢慢长大，但作为教师，你在他们的早年生活里，曾经做过的某件事，给他们心灵播下的某些种子，给他们精神上传递的某种熏陶和影响，都会在他们心底留下深刻的烙印。而教育的美妙之处就在于，如果你曾经用心用力，如果你曾经认真对待，哪怕再笨拙，再不完美，你总能听到来自岁月深处的回声，那些美好，仿佛被你种在时间的田野里，或迟或早，它们都会开花结果。

郁子当年的文章，给我印象最深的是《长大》。看到她传过来的近照才觉得，那个16岁就觉察到"长大的烦恼"的女孩，现在，是真正长大了。

2012年3月于绵阳绿岛

附 录

阅读，通往更辽远的世界
——回应吉林《天下书香》杂志李爽的网络采访

Q：谢云老师，十分荣幸约访您，感谢您对《天下书香》杂志的支持与信任。据了解，您已经出版了《幸福教师五项修炼——禅里的教育》《跟禅师学做教师》《"不乖"教师的正能量》《好班是怎样炼成的》等多部教育著作，有的印数近三万册，很多一线教师和教育人都很喜欢您的作品。在所有与阅读相关的问题前，能否先谈谈您的教育理想？

A：首先我想说，教育应该是理想主义者的事业。在今天这个时代，有人敢公开宣称"老子是从监狱里出来的"，但是很少有人敢于公开宣布"我有一个梦想"。所以我曾感叹，教育是人类"最后的乌托邦"，因为似乎只有在学校里，在讲台上，才可以谈论理想。

"教育应该是理想主义者的事业"还有一层意思：教育是面向未来的事业。"未来"虽然还没有来，但它终究会来。它以怎样的方式来，取决于我们今天的教育。联合国教科文组织有个说法，教育是"为一个尚未存在的社会培养新人"，我特别喜欢。就现在看，未来社会的确是"尚未存在"的，但它肯定会存在——它在我们眼里，在我们学生的心中，在他们的手里、脚下。所以我曾经说：好教师都是无可救药的理想主义者。

无论怎样的社会，教育肯定是落实在具体的现实里，但是我们一定不要忘记教育的"理想主义属性"——这种属性，更多是指情怀、信念。今天的教育，我觉得最缺乏的，其实就是这种信念和情怀。换句话说，今天的教育，最缺乏的是教育者的理想和精神。

Q：我们经常说，每个教育者都应该有自己的教育理念，请问您的教育理念是怎样的？

A：理想，有时也可用梦想代替。这些年来，我时常感觉自己是"痴人说梦"。我不觉得这是贬义词，我愿意将之理解为：只有对人或物或事非常痴迷，才会在梦中都言说。而且，一个人如果在梦中都在诉说自己的想法，显然是由痴而迷的。教育，需要这样的人。

我的教育理想，或者说梦想，其实基于我对教育的一种理解：教育的意义和价值就在于，让人通过教育变得美好，变得更加美好。换句话说，教育就是要培养和造就更多的"美人"——美好的人，更美好的人。因此，我的梦想其实很简单：让自己变得更加美好些，让我身边的教师变得更加美好些，通过他们的传递和影响，让更多的学生变得更加美好些。

按照"言为心声"的说法，我那些有关教育的书籍，或有关教育的言说，其实都表达着我的教育理念，表达着我对美好教育的期许和热望。

我写过一篇《美好教育的可能》，因为今天的教育真是不够美好，是让人"热爱到恨"的，但正因如此，它就存在着变得美好、更美好的"可能"，而我们所作的种种努力，都是为着这种"可能"。我一直坚信，如果我们愿意作更多努力，它就真能变得更为美好。我甚至创造了一个句子：想得美才能活得美——一个想都想不美的人，怎么可能活得美？

Q：这样的理想和理念，想必也不是从天上掉下来的，您对教育的理解和思考，一定与您的阅读有关。记得您曾描述过您与书的深厚情感，表达过阅读所带给您的充实感和幸福感。您能否谈谈人生经历中与书是怎样结缘的？

A：作为读书人，回首过去，总能看到一本本书的影子，要么是故事情节，要么是核心主题，甚至包括一些书的封面、装帧、纸质、版型，一些特别的阅读场景、氛围，以及与书相关的种种经验和记忆。我愿意说，这其实就是一种生活，与阅读有关的生活。不读书的人，肯定不会有这样的生活，因为他们不曾有这样的经验和记忆。

我出生于川中丘陵的一个小山村，家境穷困，读小学是在物质极其匮乏的70年代，精神生活的贫瘠，可想而知。幸运的是，我父亲是个川剧爱好者，而且是公社剧团的"台柱子"，农闲时节，常在公社礼堂或各村小操场演出。我因此得了看戏的方便：老早进场，坐在前排，甚至可以到后台东逛西看，有时还跟着他走乡串村，一场一场地看。我父亲有厚厚薄薄的近百本川剧剧本，既有单本折子，也有整本大戏。我的整个少年时代，除有限的几本连环画外，就靠阅读这些剧本打发时光。当然那所谓的阅读，不过是翻看，只关注情节和对白，大段的唱词多半跳过。川剧以情节取胜，有传说，有神话，更多的是历史——那些最富有戏剧性的历史，应该是让我爱上阅读的最初原委。

或许就因这种"投其所好"的阅读，父母并不反对我"看闲书"。这很难得。那时，很多老师都不允许学生看"闲书"的。也因为这种阅读，比起同龄人，我有着更为广阔的世界和对更为广阔世界的向往。套用我后来极心仪的一个说法，"我心里住着星辰和大海"。

Q：看来一个人最初的经历，会影响到一个人的阅读兴趣。能否请您再谈谈与读书有关的一些赏心乐事？

A：小时候，读过一本俄罗斯小说。书名和作者全忘了，但我至今仍记得，那是竖排本，繁体字，册页泛黄，残缺不全。大概内容是一个叫阿廖沙的孩子，跟朋友到金刚山寻宝，或访亲。那时家里忙，除上学外，还得帮家里干活。读书时间，多在上学前或放学后，边烧火煮饭边看。后来不小心，竟然将书与柴草一起，塞进灶孔里。到醒悟过来，只抢救出半卷焦糊的残页。很多年后一个落雪的寒夜，回想起这段往事，我写了一篇《俄罗斯的艺术天空和雪》，叙述自己与俄罗斯文学艺术的渊源。2003年，偶然看到《中国青年报》有"我看俄罗斯"的征文，便发了一封邮件过去。没想到，当年10月，居然接到电话，说我得了全国第一，国务院新闻办将组织前五位获奖者去俄罗斯参观访问。12月1日黄昏，我从莫斯科谢列梅捷沃二号机场走出来，第一眼看到的，就是"俄罗斯的雪"。这传奇般的经历，对我影响很大。我真切地觉知，你所读过的某些书，很可能成为生命中一条隐约的线索，一道意味深远的伏笔。

总体上看，这最初的阅读，还非常单薄，甚至单调。直到进县城读高中，在县图书馆办了平生第一张阅览证，真正的阅读才算开始。那是80年代中期，真正的书刊多了起来。现在想起，当它们出现在我这个刚进城的农村娃面前时，我眼睛里肯定有光，闪亮的光，饥渴的光。我充分理解了高尔基说的"像饥饿的人扑在面包上"，虽然那时并不知道面包是什么。但我知道什么是饥饿，不只是物质意义上的，更是精神意义上的。那是我的青春时代，生命正在慢慢展开，大量的阅读，既填补了我的精神饥饿，也拓展了我的内心世界。

现在的孩子，可能很难想象那样的状态，也很难有那样的体验。因为他们不曾感受过匮乏，也不曾体验过饥饿。现在，书多了，读书的人却少了，对书有兴趣的人，对阅读有激情的人，更是越来越少，原因或许在于，他们不曾有过"阅读饥渴症"。所以，跟老师们聊书，跟学生们聊书，我总喜欢说，要始终保持对阅读的饥渴感，始终保持精神上的新奇感和冒险感，始终保持对这个世界的热情和好奇——如果丧失了这种热情和好奇，人就几乎死了。就像我们熟悉的那个段子：四十岁就死了，八十岁才埋。

Q："四十岁就死了，八十岁才埋"，真是让人警醒。谢老师，您对教育有着持续深入的思考，一路走来，也有如影随形的教育责任感始终伴随。请您谈谈阅读和您的人生是怎样一种关系，阅读对您的生命有着怎样的影响。

A：读书人在过去叫"书生"，应该不算贬义。但很长时间，人们用到这个词，大多是说"书生气"，或"书呆子"。我写过一篇《书生意气》，算是翻案文章，我以习惯的望文生义的方式来理解，我说，书生，其实就是"因书而生""为书而生"。他们的行住坐卧，离不开书，他们的吃喝拉撒，也离不开书。饱也读书，饿也读书，他们以书明志，以书安神，也以书养气，养"意气"，而这种意气，其实就是孟子所说的"浩然正气"。所以我说，所谓"书生意气"，其实是读书人的真性情，是读书人那种深潜而坚定的精神状态。

也许我还配不上"书生"这称谓，因为我没有那样的"呆"，也没有那样的"气"，但是书与我的人生，的确有着密切的关系。我是吃米长大的，也是吃"书"长大的。从某种意义上说，这些年来，我的生命状态，就是"向着一本本书走去"。今年4月，我被《中国教育报》评选为"2014年度推动读书十大人物"，我写的获奖感言，用的就是这个题目。

如果说，高中时的阅读，暂时满足了我的饥渴感，大学时的阅读，则为我的人生提供了一种明确的方向感。通过大量阅读，我明白了生命的意义和价值，也隐约感觉到自己与书籍、文字的缘分，所以我选择了这样一种读写生活。在走向一本本书的过程中，在与书"相依为命"的时光里，我日渐明确了这样的目标：读更多的书，写更多的字，经历更丰富多彩的人生——我曾经说，不读书的人，只有扁平的时空，现实的人生，喜欢读书的人，却拥有更辽阔的世界，更丰繁的生活。他们生活在这里，但又不只是生活在这里。"生活在别处"这样的说法，只有读书人才会有，因为读书会让他们有一种"远方感"，会让他们真正明白"无穷多的人们，无穷多的远方，都与我有关"的意味。

如果要简单说阅读对我生命的影响，我想可以这样表达：阅读，让我有了更辽远的世界；阅读，让我有了更丰富的生活；阅读，也让我有了更安妥的灵魂。

Q：每个人的成长，都应当有阅读的参与。老师和学生也是如此。可是现在，学校里的阅读氛围普遍不浓，学生的阅读量很小。您觉得，从学校和教师层面来说，需要做哪些方面的努力与支持，才能还阅读一段安静时光呢？

A：我先说学校层面吧。学校是什么地方？读书的地方，这所谓的书，显然不只是教科书、复习资料。我曾经说过，如果学校给学生提供的，只是一张张"哈达卷"，学生的世界和视界，也就只有"哈达卷"那么大。所以，我有个主张，一所学校，应该有三个"朗朗"：书声朗朗，歌声朗朗，笑声朗朗，书声是放在首要位置的。今天我们谈全民阅读推广，谈书香社会建设，立脚点和主阵地就应该是学校。书应该成为所有学校的 logo。

教师在过去叫教书先生，后来又叫教书匠，虽有些不恭，但多少道出了教师职业的实质：教人读书。教人读书的人，照理说，应该都是读书人。但是，实际的情景比较悲观。很多教师家里，除开课本、教参、试卷、练习册之外，可能就没有什么藏书了。教师很少主动阅读，很少主动学习，所以你会看到，我们的学生在"天天向上"，不少教师却一直在原地踏步，甚至"天天向下"。有感于此，我曾有这样的断言："优秀教师与一般教师的区别，就在于他是否读书，读怎样的书，怎样地读书。"

所以，要真正"还阅读一段安静时光"，还得从学校做起，从教师做起。学校不应该只是学习考试的地方，教师也不应该只教学生怎么做题，怎么考试。也就是说，学校应该营造更浓厚的阅读氛围，教师应该率先成为阅读者，进而影响和推动学生的阅读。

Q：学生是否阅读，与家长也有很大关系。可是很多家长说，学生课业负担太重，升学压力很大，课余被安排得满满当当的，哪里有什么时间进行课外阅读。对此，您怎么看？

A：首先我觉得，"课外阅读"这个说法就有问题。对学生来说，对一个成长中的生命来说，阅读不应该有课内、课外之分。阅读本就是一种学习，学习有课内、课外之分吗？所有的学习，其实都是从阅读开始的。阅读是学习之母。一个学生，如果阅读方面有问题，其他方面可能都会出问题。阅读能力差的，思考能力、判断能力往往不会太好。一个孩子，倘若阅读能力很差，他的审题能力、解题能力也好不到哪儿去。比如说，面对"除、除以、增加到多少倍、翻了几番"这些问题时，他就很容易一头雾水，怎么也翻不过"坎"。所以我觉得，阅读应该成为学习的重要内容，阅读应该成为学生最重要的精神生活。

至于时间，我觉得更不是问题。问题只在于是否愿意阅读，是否喜欢阅读，如果喜欢做某件事，愿意做某件事，总能找出时间来的。有时我甚至觉得，或许正是因为不读书，所以我们才一直忙忙碌碌，所以我们才没有时间。

当然，阅读能否成为学生的精神生活，很大程度上取决于家长。我一直在想，如果当初，我父母不支持我的阅读，我可能就不会有今天这样的状态。今天的孩子不读书，很多是因为家长不支持。原因除了你所说的之外，还包括"阅读无用"——只是这所谓的"用"，很多时候，我们所关注的只是短期的，甚至当下的，属于"小用"。而阅读是"大用"。我刚才说到，有些书可能成为你生命中的一条隐约的线索，一道含意深远的伏笔，这其实就是一种"大用"，是一种"无用之用"——也许当下没什么用，但是长远看，它有大用。

我甚至愿意这样说：一个家长给孩子最好的礼物，就是陪伴他们读书，培养他们阅读的兴趣；一个学校给孩子最好的教育，就是鼓励他们读书，激发他们阅读的兴趣；一个老师，真正能够教给孩子的，其实就是阅读的能力、阅读的方法、阅读的技巧。

Q：非常赞同您对阅读重要性的看法。所以今天有很多人在致力于推动学校阅读。作为《中国教育报》"2014年度全国推动读书十大人物"之一，你对推动阅读有怎样的理解和行动？

A：其实，最近几年，除开本职工作，我一直坚持做的，就是推动阅读。2007年3月，我发起并组建了一个教师民间团队——知行社，倡导一种"专业读写生活"。将近九年，知行社规模不断扩大，影响不断深远，但"专业读写"一直是成员们的"呼吸"和"生态"。如果简单描述知行社的九年时光，似乎可以说：一本本好书读了下去，一篇篇美文写了出来——更重要的是，一个个美好的教师站了起来。阅读是最好的自我教育，"专业读写"影响了他们的"行走方式"，改变了他们的教育面目。

从2010年开始，我与一些有志于校园阅读推广的NGO组织有了联系，并有了一系列的合作项目。NGO负责募资、配书，我负责选点、落地。五年多来，经由我的牵线搭桥和积极运作，两所"梦想书屋"，两所"爱的书库"先后建成，一个跨区域的"师生阅读项目"正在不断推进。毫不夸张地说，阅读之光，照亮了这些学校的师生。

"推动阅读的手，就是推动未来的手"，这是我仿写的一个句子。我很喜欢。在这推动的过程中，我把自己也归并到"志愿者"行列里了。我愿意这推动里，有我绵薄的力量。

Q：如果有老师向您请教书籍选择和阅读方法等问题，您会跟他们分享哪些经验？关于阅读，您最想对从事一线教育的教师们说些什么？

A：经验说不上。阅读其实是很私人化的行为。阅读的"阅"字，本义是"具数于门中也"，像在门里清点或计算东西。阅读的个体性和私密性，有点像禅宗所谓的"寒天饮水，冷暖自知"。所以，我只能谈谈自己的感受和体会。

首先是要读起来。只有读起来，才会涉及书籍的选择。刚开始一定要读自己喜欢的。自己喜欢的，一定是合自己口味的。不喜欢的，就是经典中的经典，也不要太勉强，尤其在刚开始读书时，一定不要倒了自己的胃口，败了阅读的兴趣。

第二，尽可能读得杂些。尽可能让自己成为杂食动物。除教育专著外，还要多读些"杂书"，有了丰厚的积累，说不定哪天就会打通"任督二脉"，突然悟道。20多年前，我读过一本有关禅宗的书《佛学的革命》，前两年因缘际会，突然意识到禅宗与教育的关联，一口气写了两本谈论禅学与教育的书籍。现在看，当年的"闲书"，一点也没有闲着。

第三，要有方向和坡度。对教师而言，这种方向，就是向着教育，为着自己和学生成长。简单说就是，教师的阅读要致力于积蕴自己的教育素养。所谓的坡度，是指要由易入难，自觉构建一条倾斜向上、不断延展的阅读曲线。不能一直读那些轻易就能读懂的书。

第四，要读得有进有出。"进"就是读，是摄取，是呼吸的"吸"，但一个人不能只"吸"，还得"呼"，一个读书人，如果只是一味地"吸"，很容易成为书呆子，成为别人思想的"应声虫"。我所说的"出"，其实就是"呼"，是思考和写作。每有所读，只要用心，必会有所思，有所想，但是这些思想，可能像"灵感"一样，若不及时记下，就会一掠而过。而且我觉得，写作才是真正思考的开始，写作是对思考的深入、细化和呈现。

第五，要有"走读意识"。就是边走边读，边读边走。用古人的话说，既要读万卷书，也要行万里路。教师要真正拓宽视野，提升识见，除读书外，还应该不断地行走。今年暑假，我和张文质先生发起了名为"教育行走"的首届教师公益研修夏令营，在全国招募了100名一线教师，五天时间，免费吃住在某个学校，同时邀请十位左右专家义务讲学。作策划时，我敲下了"行走拓宽世界，读写重建心灵"这个核心句，它也成了活动的主题——这样的活动，我们会坚持搞下去，因为我确信，行走能让教师的世界更丰富、更浩阔。

最后，我特别倡导一种"共读共写"的方式。尽管阅读是私人化的事情，但是阅读后的分享和交流，能促进我们更深入的思考。古人说"独学而无友，则孤陋而寡闻"，所以需要"切磋""琢磨"。同时，这种交流和分享，还能让我们找到"共同的心跳"，找到自己的心灵 Wi-Fi。前面我所说的知行社，其实就是一种"共读共写"的精神共同体。这样的"共同体"，既会促进我们的阅读与思考，也会温暖我们的心灵和感知。

Q：您能否推荐一部或几部给您带来触动或很大收获的书籍，并说说您的推荐理由？

A：从精神意义上讲，我最愿意推荐熊培云的《自由在高处》。我特别喜欢这个书名所包含的意味，也特别喜欢作者对生活、社会和世界的态度，有批判，但更多的是建设，有不满，但很少有抱怨。作者告诉我们的，其实是生活的"可能性"：面对不如意的世界，不如意的社会，不如意的生活，我们可以有怎样的应对态度和生活方式。

就教育意义而言，《给教师的建议》几乎是不必讨论的"必读书"。尽管现在看来，苏霍姆林斯基给我们的"建议"，大多是常识，但是今天的教育，因为对常识"常常不识"，所以离常识较远，甚至出现了很多违背常识的"反教育"行为。我觉得，如果我们能够真正遵从那些常识，践行那些常识，教育的面目可能就会好很多。

我更愿意推荐的，是美国教育学者帕克·帕尔默的《教学勇气》。就我这些年来的观察和考量，一线教师最喜欢读的，往往是技术和操作层面的书，一度时期，国内的教育著作，也大多致力于此，而缺乏对教师心灵层面及至精神世界的关注。这让我们的教育陷入了"技术至上主义"的误区，也让很多教师有"沦落为工具"的感觉。所以，从2006年开始，我就在思考"教师心灵建设"的问题。后来读到《教学勇气》，有遇知音之感。再后来，我写"禅学与教育"，其实也与此有关——禅宗特别关注人的"自心自性"，这和我理解的"教师心灵建设"密切相关。教育是关乎心灵的事业，教师只有不断建设或重建自己的心灵世界，才会有更好的精神面貌和教育面目。而阅读，无疑是最好的建设和重建方式。

Q：谢谢谢老师。最后，您能否对《天下书香》的读者们作些鼓励和勉励？

A：我注意到你们的约稿函里有句话："如果你还不曾遇到过名师，那就在《天下书香》里和他们相遇吧。"很有意思，我也很喜欢。我愿意再仿写一下："如果你还不曾遇到过名师，那就在好书里去寻找吧——好书才是真正的名师，也是永远的名师。"与读者共勉。

2015年12月14日于绵阳绿岛

后记　做一个悲观的理想主义者

乐观而不盲目，悲观而不绝望。对于人生、社会、世事，我一直都说自己是一个悲观的理想主义者——悲观，是基于我所感受和体味到的社会现实状况；理想，则是源自内心深处，对美好未来的期求和渴望。

赫拉巴尔说："我实质上是一个乐观的悲观主义者和悲观的乐观主义者，我是个两栖类和合用一堵墙的两间房。"读到这句话，我对这位声名显赫却言行低调的捷克作家，顿生惺惺相惜的好感，甚至想伸手去触握一下他从天国伸过来的手。尽管他的悲观和乐观，成就了那些伟大和作品，而我，只能偶尔写些自娱也娱人的短小文字。

因为有对美的向往、对未来的期盼、对人性趋善的理解，所以我乐观。但是我知道，美也需要创造，梦想的实现不能只通过"做梦"，在现实与未来之间，有长长的路要走，所以我不盲目。我用双眼仰望天空，也用双脚触踏大地。我用微笑透露我的坚信，也用思考传递我的隐忧。我用行动表达我的热情，也用沉默和回顾反省我的所作所为。

然后，我用文字，写下自己的泪和笑，悲和喜，爱和痛。

对现实，对存在的问题和可能的状况，我有种种不安，甚至因困惑而疑虑，因疑虑而悲观。但鲁迅先生说，绝望之为虚妄，正与希望相同。这使我明白，悲观没什么不好。适度的悲观，既能让人冷静、警醒，也能让人慨然振作、奋力前行。很喜欢胡适先生的一句话：人生本没有意义，人自己给它什么样的意义，它就会有什么样的意义。我愿意接着说，所有的终极意义，也许都是空白和虚妄，除了在过程中所体会到的意义。所以我曾经感叹，意义不在意义本身，而在对意义的追寻里——这样的意义，也许不宏大，不高亢，不振奋人心，但它真切、实在，能够给荒凉的人生以些微的安慰和温暖。

以我有限的阅读和感受，所有深刻的灵魂，其实都蕴藏着悲观——那些长久影响了人类生活的大师，他们的思想、著述、作品，几乎都是悲观的，或者都带着悲观的底色和骨子。由幸福而走向幸福，固然是美好的，但经历痛苦后体验到的欢乐，也许才是真正的欢乐，更为深刻的欢乐。就像《欢乐颂》，在贝多芬的交响曲里，也排行"老九"，经历过《英雄》《命运》《田园》的铺垫和渲染。这样的顺序，既体现出创作的"经历"，也意味着"追寻"的过程。

因此，我悲观，但不绝望——人生是苦的，好在还有梦。梦想是好的，虽然梦终究会醒。像东坡先生那样说"事如春梦了无痕"，如果觉得太消极，太惘然，那我愿意说，人生的漫长，或许正好够我们做一场暗含美妙的大梦——在梦即将到来之时，在梦将醒未醒之际，我愿意努力寻求生活的价值和意义。

对于教育，已经有无数多的诠释，无数多的概念与定义。我愿意简单地坚信：教育是美好的事——教育的最大意义之一，应当是让人通过教育而美好。或者说，在教育的过程中，感受到美好，因所受的教育而感觉到生活的美好，感觉到尽管现实不够美好，但是还可以对美好保持向往和期待。很多年前，我曾写过一句诗："对美保持不败的向往，这是人类最后的一次机会。"尽管那首诗与教育没有任何关系，但在我思考教育时，在我梳理和总结自己的教育生活时，我曾自觉不自觉地一次次想到这个句子。

我也曾经用"我越陷越深越迷惘，路越走越远越漫长"这句歌词，来言说我与教育的关系——当然，是与中国教育，再具体些，是和我所从事、接触、了解的教育。与朋友闲聊，曾创造过一个句式：世界上有两种足球，一种是足球，一种是中国足球；由此可以作很多意味深长的引申——就像那个著名的"唐诗万能对"：你随便找一句唐诗，我都可以对之以"一枝红杏出墙来"。比如说：世界上有两种教育，一种是教育，一种是中国教育——沉重，艰难，困境重重，困厄多多。我甚至说过，当今中国的教育，是让人"热爱到恨"的事，就像货真价实的爱情："爱得越真，伤得越深。爱得越重，伤得越痛。"但是，伤得再深、再痛，依然在爱，甚至是热爱；不可救药，就像一场持续不断的高烧。

从"一线"到"一点五线"后——16年前，刚到进修校时，朋友曾疑问："年纪轻轻的，怎么就到'退休校'了？"在很多人眼里，进修校类似于退休养老的场所，但我始终不觉得自己是在"二线"，当然也没在真正的"一线"，所以用这样折衷的说法——对教育，居然有了更多的关注和思考，有了更多的阐述和言说。这一方面可能是随着年龄增长、阅历丰厚而对教育有了更深切的体认，另一方面，也是因为对教育现象有了更多样的观察角度和机会。所谓"当局者迷，旁观者清"。不敢说自己已经多么清醒或清楚，但蓦然回首的时候，毕竟更能看到不一样的风景，更能看出风景中不同寻常的意义。

或许有人会说我"站着说话腰不疼"，但我依然要坚持阅读，坚持思考，坚持记录，坚持诉说。就像我说过的，发出自己的声音，表明我们的存在。而在我的文字里，尽管不乏沉重、忧伤、痛苦，但内心里，依然保有梦想和激情，保有对未来的坚信和执着，保有对可能美好的教育面目的期盼和祈望。甚至可以说，我所有有关教育的文字，其实都建构在对教育意义的求证中，建构在对可能美好的教育的追求和期许中。

在20多年从教经历中，我曾有过多次离开教育的机会，但再三思虑，反复权衡，最终还是选择了留下，选择了在自己熟悉、热爱的土地上坚持——我坚持着行走、思考，坚持着清醒而痛苦地做梦，坚持着对未来抱有"不败的向往"。

而且我看到，在我的身前或身后，还有那么多的同行者，有那么多的"美 ren 们"，从沧桑中走出来，在烦难里站起来；历尽劫波，他们依然高昂着头，睁大着眼。他们所要寻找的，依然是蓝天，是太阳，是黄昏的灯火，是林中的清泉，是勇敢者的号角，是孩子脸上永恒的微笑——那或许是人间最美好的风景。

乐观而不盲目，悲观而不绝望。对于当下的教育面貌，影响或改变，我从未期求过自己能有多大的作为。但是，我始终记得韩国电影《熔炉》

里的一句台词："我们之所以战斗，不是为了改变世界，而是为了不让世界改变我们。"包括随后那句语带双关的话："冬天之所以那么冷，是为了告诉大家，身边的人的温暖有多重要。"

我愿意始终这样，做一个悲观的理想主义者，愿意始终以这样的方式和姿势，毅然走下去。

2016年6月24日改定

图书在版编目（CIP）数据

阅读照亮教育/谢云著.—上海：华东师范大学出版社，2016
ISBN 978-7-5675-5878-6

Ⅰ.①阅... Ⅱ.①谢... Ⅲ.①教育工作—文集 Ⅳ.①G4-53

中国版本图书馆 CIP 数据核字（2016）第 283358 号

大夏书系·教师专业发展

阅读照亮教育

著　　者	谢　云
策划编辑	朱永通
审读编辑	张思扬
封面设计	淡晓库

出版发行	华东师范大学出版社
社　　址	上海市中山北路 3663 号　邮编　200062
网　　址	www.ecnupress.com.cn
电　　话	021 - 60821666　行政传真　021 - 62572105
客服电话	021 - 62865537
邮购电话	021 - 62869887　地址　上海市中山北路 3663 号华东师范大学校内先锋路口
网　　店	http://hdsdcbs.tmall.com
印刷者	北京东君印刷有限公司
开　　本	700×1000　16 开
插　　页	1
印　　张	15
字　　数	222 千字
版　　次	2017 年 1 月第一版
印　　次	2022 年 2 月第七次
印　　数	19 101-21 100
书　　号	ISBN 978-7-5675-5878-6/G·9949
定　　价	35.00 元

出 版 人	王　焰

（如发现本版图书有印订质量问题，请寄回本社市场部调换或电话 021-62865537 联系）